Pietro Ratto

MOTI ONDOSI

2022

Pietro Ratto
Moti ondosi
Prima edizione: novembre 2023
ISBN: 9798866153497

L'Urgenza

Una classe politica corrotta, inadeguata e incapace è riuscita a ritrovare il consenso della maggioranza della popolazione soltanto grazie a una propaganda terroristica e diffamatoria nei confronti dell'ultimo capro espiatorio che la Storia della malvagità umana abbia saputo partorire. Quello del "non vaccinato".

Stiamo assistendo, oggi, alla nascita di un nuovo regime dittatoriale di stampo oligarchico.

Urge dunque mantenere i nervi saldi e concentrarsi sul bene più grande che i nostri avi abbiano saputo regalarci. Quell'ideale, nobile e inattaccabile, che nessuno di noi ha mai davvero sperimentato, ma in nome di cui ogni uomo che voglia dirsi tale deve combattere sempre. Fino al suo ultimo respiro.

Un ideale, oggi quanto mai in pericolo, che si chiama Democrazia.

28 novembre 2021

Solitudini frequenti

Tutto sommato, riflettendoci adesso, la mia vita è stata interamente una lotta in nome dell'essenza, della pura sostanza.

Non ho mai accettato di venir coinvolto in circostanze contingenti, nelle quali la mia presenza potesse aver a che fare soltanto con aspetti accidentali, accessori, del mio esserci.

In nome della sostanza ho amato, ho suonato, ho scritto, ho parlato, ho camminato nel mondo, mantenendo i piedi sempre saldamente puntati sull'eternità.

L'accidentale, il superfluo, raramente han catturato la mia attenzione. E questo navigar turbinoso, ma sempre attento a non smarrir dignità, mi è costato ogni giorno - oggi come ieri - solitudini frequenti. A volte sofferte, a volte ambite, pur sempre amate.

Lascio volentieri a chi si trastulla con le sciocchezze del mondo, con l'apparir della forma vuota e con le smancerie senza cuore, ogni vanità che mi circonda. Di fronte a mille problemi, mille ipocrisie e mille voltafaccia, son sempre rimasto io, dall'alba al tramonto di questo mio travagliato passaggio.

Di più, non avrei certo potuto domandare.

5 dicembre 2021

Le dita esitanti

Non appena ci affacciamo al mondo, iniziamo subito a pretendere attenzioni e cure che, evidentemente, riteniamo dovute.

Dal primo vagito, esigiamo tutto.

Nutrimento costante, amore incondizionato, dedizione assoluta.

È come se ce l'aspettassimo. Come se ci fossimo abituati da sempre. E se i nostri bisogni non vengono immediatamente soddisfatti, eccoci subito a protestare. Con quelle urla disperate di chi non tollera un solo secondo di ritardo nel servizio che gli è dovuto.

Nemmeno un Principe, nemmeno un Re, nel mondo "adulto" si comporta così.

Credo sia un segno importante.

La prova evidente della nostra nobile Origine.

Eternamente abituati a un'assoluta centralità, a un'infinita ricchezza, a un inesauribile amore, proviamo sofferenza indicibile nel rassegnarci a un mondo in cui ognuno si scopre irrimediabilmente solo e abbandonato a se stesso.

In cui ogni bene va inspiegabilmente spartito. E ogni affetto, conquistato con difficoltà e ricambiato con impegno.

Pascal lo ha ben spiegato. L'uomo è un Re spodestato.

Quanta fatica nell'accontentarsi di esser soltanto uno tra i molti. Nel dover attendere con pazienza che qualcuno, di tanto in tanto, si ricordi di lui, in un contesto inquietante in cui tutti provano la stessa sua sete di felicità assoluta. In cui tutti avvertono e rivendicano lo stesso suo diritto a non rinunciare a nulla. Ad aver tutto. Ad esser tutto. E in cui tutti, quindi, gareggiano tra loro per procurarsi la quantità più grande possibile di quel che considerano irrinunciabile.

Il male che commettiamo, dopo tutto, non è dettato da altro che dalla Nostalgia.

Chi meno è disposto a rinunciare al suo antico stato, chi meno si rassegna a quella povertà che per nulla al mondo avverte come naturale, si predispone a rubare.

A mentire, a tradire, a far carte false.

Procacciandosi l'illusione di risolver così un problema che, purtroppo, in questo piccolo mondo appare irrisolvibile. La stessa illusione, dopo tutto, di chi cerca il potere perché non riesce ad accettar di esserne stato privato. Di chi cerca visibilità e attenzione, non riuscendo a credere di averle irrimediabilmente e inspiegabilmente smarrite.

L'innamoramento stesso, quella magia che scaturisce tra due persone, regala l'illusione di aver recuperato una volta per tutte l'immenso amore a cui sembriamo avvezzi da sempre, ma che di fatto qui non troviamo mai.

In ogni cultura, in ogni tradizione, perfino nel più freddo dei ragionamenti, è contenuto sempre lo stesso principio. L'amore è sacro, si dice. Non guarda in faccia nessuno. Non conosce limiti e barriere.

E quando quel sentimento così forte, così travolgente, così ossessivamente dirompente in nome del quale, un tempo, abbiamo dato un calcio a tutto, quando quel sentimento cede pian piano il passo a una pacata quotidianità, l'idea di esser diventati una rassicurante e sonnolenta abitudine ci pare via via sempre meno sopportabile. Sempre più dolorosa. E quell'effervescente sensazione di un'altra mano che - incosciente - ci sfiora, di un altro corpo che finalmente e nuovamente vibra al solo contatto tra due esitanti e irresponsabili dita, torna a donarci l'ebbra illusione di aver riconquistato quel regno perduto. Di esser tornati a casa. In quella calda e accogliente placenta dell'essere che così tanto ci manca.

A quel punto, nulla ci ferma più. E una nuova, implacabile, impetuosa corrente ci porta inesorabilmente via. Trascinandoci così, ancora una volta, in quella ridondante e luccicante eco di sguardi incantati che è sempre e soltanto il fugace e suadente riflesso di una Favola.

Di una Fiaba ancestrale, smarrita per sempre.

20 dicembre 2021

Il Timbro dell'Essere

Buon Natale a tutti.

Facciamoci coraggio. Manifestiamo tutti, giorno dopo giorno e ognuno nel proprio provvisorio e imperfetto modo, l'energia del tutto che interseca il piano dell'esserci solo grazie a noi. Grazie a tutti gli Alberi, alle piante, ai fiori, agli animali e ad ogni essere - vivente o non vivente - che, a modo suo, declina in maniera incompiuta la compiutezza.

Nessuno di noi avverta la sua dignità un grammo di meno né un grammo di più.

Portiamo nel mondo il timbro dell'essere. E dobbiamo continuare a farlo con tutta la dignità e, al contempo, tutta la consapevole precarietà che contraddistinguono qualsiasi sua manifestazione, umile o fulgida che sia.

Il significato di feste come questa, è tutto qui.

Auguri a tutti.

E coraggio.

24 dicembre 2021

Grazie di esistere

Carissimo virus, ti scrivo per dirti che ti voglio tanto bene.

Soltanto grazie a te, infatti, sto finalmente imparando a conoscere la gente. Soltanto in questa difficile fase sono riuscito a capire con chi ho davvero a che fare. E quali siano le cose, e le persone, che davvero contano nella mia vita.

Grazie a te, oggi tutto mi è un po' più chiaro. Grazie a te, molte illusioni, molte smancerie, molte ipocrisie sono miseramente crollate di fronte ai miei occhi, lasciandomi finalmente intravedere la verità.

E grazie a te, oggi mi sento perfino migliore.

Perché solo adesso ho ben chiara la forte differenza, l'immensa distanza che separa la gran massa di bugiardi a cui stupidamente ho creduto fino ad oggi, e il sottoscritto.

Buone feste, mio caro virus. E grazie.

Grazie di esistere.

26 dicembre 2021

J'accuse

Avreste dovuto contrastare l'epidemia con un piano efficace e aggiornato. Invece avete occultato le vostre criminali inadempienze con una campagna mediatica fatta di allarmismo e colpevolizzazioni.

Avreste dovuto mantenere aperte ed efficienti tutte le strutture sanitarie per accogliere i malati più gravi. Invece, dopo aver tagliato le spese sulla Sanità per decenni, intascandovi i soldi delle tasse che vi pagavamo, avete scaricato su di noi la responsabilità dell'intasamento dei pochi reparti che avevate lasciato in funzione, per altro malamente equipaggiati.

Avreste dovuto garantirci cure mediche a domicilio da parte di tutti quei dottori che campano sui nostri contributi e che da troppi anni si limitano a rispondere al telefono e a firmar ricette e certificati a distanza. Invece, dopo averci terrorizzati circa le gravissime conseguenze di un virus presentato come una calamità a dir poco micidiale, ci avete abbandonati a noi stessi, privandoci di qualsiasi tipo di assistenza e radiando senza pietà dai vostri albi i pochi medici che provavano a onorare il loro giuramento tentando di curarci, senza per altro ricevere una lira in cambio.

Avreste dovuto dare alla popolazione sicurezza e protezione. Invece l'avete chiusa per mesi e mesi in casa, terrorizzando e minacciando con ogni mezzo chiunque volesse uscire e mettendo i cittadini gli uni contro gli altri tutte le volte che qualcuno provava a lamentarsi in nome di quelle libertà costituzionali che i vostri decreti, vergognosamente, sopprimevano sempre più.

Avreste dovuto investire in cure e medicinali. Invece avete foraggiato le grandi multinazionali per diffondere e imporre sieri improvvisati e potenzialmente pericolosi, tanto più inoculati nel pieno della diffusione del virus, ricattando tutti i cittadini che non si fidavano di farseli iniettare, fino al punto di privarli del lavoro, della dignità e della libertà.

Avete trasformato la vostra gigantesca colpa di aver azzerato la Sanità pubblica, in un sistema di polizia che persegue e discrimina chi diffida del vostro operato e dei vostri conflitti d'interesse.

Avete distrutto l'economia del nostro Paese piuttosto che rinunciare a ingrassare i colossi finanziari che, grazie a questa brutta storia, hanno decuplicato i loro guadagni.

Avete eretto muri invalicabili tra le persone. Avete disgregato il tessuto sociale del nostro Paese. Avete tramutato in vergogna la sofferenza, in criminalità il dissenso, in dittatura la democrazia, in cospirazione la solidarietà, in virtù la delazione e il disprezzo reciproco.

Avete sconvolto le nostre vite per poter cancellare, in pochi mesi, tutte le vostre responsabilità e tutti i nostri diritti.

Noi non ce ne dimenticheremo. Nonostante la vostra capillare e quotidiana campagna di menzogne, nonostante le bugie di tutti i cosiddetti giornalisti che si sono venduti al vostro strapotere, noi abbiamo ben chiare in mente le vostre colpe.

Noi non dimenticheremo. Memoria, attenzione e concentrazione resteranno sempre le nostre armi più micidiali.

Noi non dimenticheremo.

Non dimenticheremo mai[1].

6 gennaio 2022

---

[1] Si tratta del documento con cui Pietro Ratto ha dato il via alla campagna di delegittimazione del Governo e di restituzione della tessera elettorale inaugurata il 6 gennaio 2022
Cfr. *https://bit.ly/3HmvVqa*.

Sul divano[2]

Niente da fare. La gente è talmente ignorante e spaventata da credere che se uno restituisce la tessera elettorale, allora perda addirittura "il diritto di voto" (!) Come se, dovendo mai ricredersi in favore di chissà quale meraviglioso partito in arrivo, non potesse chiedere una nuova tessera in comune, dichiarando semplicemente di non averla più.

Poi ci sono quelli che temono, così facendo, di autodenunciarsi. I soliti fifoni che credono di far la rivoluzione proteggendosi dietro ai loro nickname.

O quelli che obiettano che, in questo modo, forniremmo al Governo l'elenco dei "no-vax". Come se non lo avessero già. E come se non potessero esserci altre persone che, per quanto vaccinate, avessero le scatole piene di chi ci governa. Qualcuno mi ha addirittura comunicato di voler ritagliare dalla sua tessera il proprio nome o il numero del documento, prima di restituirlo. Ottimo, sì: è proprio così che dimostriamo di farcela sotto. L'atteggiamento migliore, per chi voglia "lottare".

Oppure, ancora, chi la mena dicendo che senza green pass non può entrare all'ufficio postale e, dunque, non

---

2 Considerazioni relative alla suddetta Campagna di delegittimazione del Governo lanciata da Piero Ratto il 6 gennaio 2022 e consistente nella restituzione organizzata e coordinata, alla Presidenza del Consiglio, delle tessere elettorali. Cfr. *https://bit.ly/3HmvVqa.*

può "rispedire al mittente" il suo certificato elettorale. Ma non ce l'avete un parente o un amico che possa andarci per voi? Senza contare che in molte città le poste offrono il servizio di prelievo raccomandate a domicilio.

Ah, dimenticavo: ci sono anche quelli che pensano che, così, a Roma si sentiranno autorizzati a decidere da soli, senza più consultarci. Come se non lo facessero in continuazione. Come se non l'avessero fatto finora! Sveglia, miei cari. Un politico vive di consensi. Venir delegittimato da milioni (magari!) di tessere restituite da chi si è rotto i coglioni di lui è una figuraccia bruttissima. Soprattutto a livello internazionale. E non ha senso sostener che tanto loro se ne freghino delle figuracce, visto che si arrampicano sui vetri continuamente, per evitarle ad ogni costo. Pensate solo a quanto si servano dei media, proprio per alimentare il consenso e presentarsi come "i salvatori della patria" amati dal popolo. Persino i peggiori dittatori della Storia hanno sempre fatto di tutto per fingere di non esserlo, davanti all'opinione pubblica mondiale.

Insomma, c'è poco da dire. La gente spera che le cose cambino da sole. O perché ci pensa Trump. O perché ci pensa Dio.

L'importante è rimanersene, nel frattempo, comodi comodi sul divano.

8 gennaio 2022

Le multe

Quindi cosa farete, dopo la prima multa?[3] Ce ne farete pagare un'altra? Poi un'altra ancora? E in questo modo avvantaggerete per l'ennesima volta chi è ricco? Chi si può permettere di pagare anche cento delle vostre sanzioni ogni mese, piuttosto che cedere al ricatto?

Farete cioè come con il lavoro, no? Il lavoro che avete tolto a chi ne aveva davvero bisogno proprio per costringerlo a sottomettersi a quei vostri diktat che invece, finora, non hanno scalfito chi può vivere senza fare una mazza. Un po' come voi, intendo.

E voi sareste gli statisti? Sareste voi?

Fate schifo. Vi circondate di bandiere e simboli di democrazia, ma fate schifo. Sapete soltanto governare con la forza come i peggiori dittatori della Storia.

Contando su un gregge infinito di gente spaventata, che crede che le uniche alternative su cui impostar la propria vita siano quelle che stabilite voi.

13 gennaio 2022

---

[3] Il passo si riferisce al DL 1/2022, emanato il 7 gennaio e entrato in vigore il 15 febbraio 2022, che prevedeva una sanzione amministrativa pari ad euro 100 per tutti gli ultra cinquantenni non vaccinati contro il COVID.

Gioco

Se agli Open di Australia partecipassero uomini e non solo tennisti, tutti i giocatori si rifiuterebbero di entrare in campo senza Djokovic.

Ma anche un torneo prestigioso come quello non è che lo specchio di un mondo ormai pieno zeppo di mignotte.

Pare che per domattina, alle 9,30, sia attesa a Melbourne la sentenza sul suo caso. Ora italiana: 23,30 di questa sera.

Ecco. Djokovic, con la sua coerenza, mi è talmente simpatico che ho pensato di telefonargli già prima di mezzanotte, per dargli la notizia in anteprima.

15 gennaio 2022

Rock

Troppe persone continuano a credere che il Rock sia un genere musicale.

Rock vuol dire, spesso, non partecipare. Non accettare. Non sottostare. Vuol dir mandare al diavolo il conformismo, l'incoerenza e il compromesso.

Sono molto più rock le porte che ho sbattuto, i no che ho detto, i vaffanculo al sistema corrotto, alla mentalità borghese e alla vuota apparenza di un mondo commerciale e falso che ho urlato, che tutta la musica che, per decenni, ho suonato.

21 gennaio 2022

Il Vento

La maledetta lista dei difetti è importante. Tremendamente, importante.

Ed è una lista antipatica, particolarmente odiosa. Che ti rigiri in testa da decenni, ripromettendoti sempre, prima o poi, di riuscire un minimo a sfoltire. E che ti chiedi come possa continuare a manifestarsi, ogni malaugurata volta, in tutta la sua smagliante e inattaccabile prepotenza.

Non sono certo, io, di quelli che spaccian vizi per virtù. Che sparan cose del tipo: "il mio peggior difetto è la sincerità", o altre ipocrisie di tal natura. So bene quali siano i miei fantasmi. E quanto mi colpisca e affondi sempre, ad ogni sciaguratissima occasione, la loro ostinata e sconfortante ingombranza.

E quando questi spettri si palesano, quando si ripropongono all'orizzonte oscuri e minacciosi, disperatamente cerco di far leva, almeno un po', sui cosiddetti pregi. Quelli che, in quei momenti, immancabilmente non riesco più per nulla a rammentare. Ad elencarmi in testa.

Ora non so, se sia da ritenersi un vizio o una virtù. Non so se possa essere elevato a pretesto per radiarmi, o invece per accogliermi un pochino, nel cuore di chi è intento a giudicarmi. So che non posso non includerlo, quanto mai fondatamente, tra le coordinate più intime e profonde della mia essenza. Insomma: io amo il Vento. Lo amo da sempre, e lo amerò per sempre. Per lui sono disposto alle follie più imbarazzanti. A correre e saltare come un matto mentre lo sento penetrarmi l'animo.

In qualche scalcagnato filmato Super 8, di quelli pieni di smagliature, tremolii e chiazze scure, rivedo ancora il mio piccolo me stesso immerso in traballanti passeggini, spinti da una sorridente, giovane mamma sul lungo mare della mia amatissima città, gioir radioso e incontenibile - gli occhi spiritati e oltremodo felici - ad una delle immancabili e innumerevoli folate di Vento che il mare ama spesso trasportare a ondate, nel suo fresco fragore, al malfermo inceder dei passanti.

Ho preso subito, sin dalla nascita, a vibrar come una foglia al proverbiale Vento. Ho ringraziato di esser vivo, e di sentirmi improvvisamente felice e traboccante di inesauribile energia, tutte le volte che Lui si è alzato libero, tra le impazzite chiome degli alberi, ad ulular come un matto nei cunicoli più tortuosi e ingarbugliati del mio cammino. Ricordo le sere in cui, a vent'anni, prendevo improvvisamente per mano la mia stranita fidanzata, costringendola a corse sfrenate, per le strade del centro, entrambi immersi in notti piene di fogli che svolazzavano sui marciapiedi, di terse luci che scintillavano entusiaste, di persiane e porte che sbattevano, fragorosamente ostinate, contro la rigida insensibilità di un muro di cemento. Ricordo le notti in cui, riconoscendo improvvisamente il suo amato richiamo, correvo a prendermi in silenzio un sacco a pelo e, di nascosto dai miei (che mai e poi mai avrebbero compreso), aprivo la finestra della mia camera e mi rannicchiavo sul pavimento del balcone, rabbrividendo dall'emozione di poter dormire accarezzato dal mio amato Vento.

E che se ne farà mai, qualcuno, del mio sfrenato amore per il Vento? Chi potrà mai capire il senso di questo mio insensato struggimento?

La libertà sfrenata che sgretola ogni ostacolo. La purezza infinita di scintillanti e ariose stelle. La dirompenza incontrastabile di un'energia che tutto vivifica, che ogni freno spezza. Che ogni limite travolge. Queste, probabilmente, le elevatissime virtù che questo grande Amico evoca, ad ogni suo affacciarsi ai miei giorni, nel mio costantemente infervorato spirito. Nel mio sempre infatuato, perennemente innamorato Animo che ancora adesso, qui, in questa notte gonfia di antiche stelle e profumato Vento - notte che pure splende, inaspettata, nel mezzo di un oscuro tratto di difficoltà e apprensione e di un cammino solo e abbandonato - risorge per un attimo felice e fiero di esser vivo e forte di Passione.

Come il mio amato, libero e selvaggio, amico Vento.

21 gennaio 2022

Morire a scuola

Il nostro sistema scolastico non si limita più ad avallare lo sfruttamento del lavoro minorile gratuito dei nostri ragazzi, da parte degli imprenditori privati. Adesso, quei ragazzi, dai loro sfruttatori li lascia direttamente ammazzare[4].

23 gennaio 2022

---

[4] Il passo si riferisce ai recenti casi di studenti deceduti durante le ore obbligatorie di Alternanza Scuola Lavoro previste dal Ministero dell'Istruzione.

A te

Penso spesso a te. A quel tuo sorriso rimediato a stento sotto uno sguardo triste e intelligente. Penso spesso alla tua vita, al tuo esempio. Agli anni più belli buttati via per sempre.

Penso alle informazioni che il tuo coraggio ha saputo diffondere, a quelle immagini atroci. Penso a quei bastardi che aprono il fuoco divertiti su persone innocenti, piene di sacchi della spesa. Persone ammazzate per strada, prese di mira da pazzi criminali che le neutralizzano una per una, con lucida e fredda perizia, come se si trattasse di uno dei soliti videogiochi davanti ai quali sprecano le ore, ogni giorno, milioni di inebetiti ragazzini.

Penso, con infinita rabbia, che quei criminali, in questo momento, vivono tranquilli nelle loro case, protetti dal sistema che li ha addestrati proprio a questo cinismo, a questa insensibilità, a questo vuoto infinito. E penso che tu, invece, tu che questo orrore hai avuto il coraggio di denunciarlo al mondo, tu passi i tuoi giorni in isolamento. Malato, disperato, abbandonato e dimenticato da tutti. Chiuso in una stretta gabbia disseminata di telecamere e privato di qualsiasi diritto.

Sarà perché la mia vita è a una svolta, sarà perché mi sento solo anch'io, sarà perché ho sempre avvertito forte la stima per quello che sei e per ciò che hai saputo essere, sarà perché in questo momento pochi se ne accorgerebbero, ma ti giuro che vorrei prendermi un po' della tua croce. Vorrei dirti: esci di lì, adesso, ché ci sto un po' io, al tuo posto. Vattene a casa, rimettiti in salute. Torna a sorridere, ad abbracciar chi ami. Resto io, qui, a sopportar per te questo dolore. Questa infamia infinita. Questa umiliazione costante. Perché te lo devo. Perché te lo devo, accidenti.

Anche se non mi senti, anche se forse non senti più niente, voglio dirtelo da qui, con tutta la forza di cui sono ancora capace.

Ti voglio bene, amico mio. Grazie per tutto quello che hai fatto per noi, per me. Il mondo sarebbe davvero un inferno, senza di te. Senza il tuo inferno.

Ti voglio bene, fratello mio. Grazie per tutto il dolore che ci hai donato.

Ti voglio bene, infinitamente bene, Julian.

23 gennaio 2022

La Tana

Si chiude così il mio attivismo politico.

Il ratto torna nella tana.

Ho restituito la mia tessera elettorale. Mi basta. È stato un atto di disprezzo individuale. Se sono stato l'unico, meglio ancora.

Ringrazio *ByoBlu* e Fabio Frabetti, che almeno ne hanno parlato.

Un bel saluto a tutti gli altri. Ai canali, ai canili e alle cagnare vuote di chi fa finta di sostenere ma si defila. Di chi vuol mordere, ma coi denti degli altri.

Lascio a ognuno la battaglia sua. A me, da oggi, torna a bastar la mia.

Il topo torna in biblioteca.

Ciao ciao.

24 gennaio 2022

Libertà

Sapersi tirare indietro e scomparire al momento giusto.
Saper rinunciare a tutto.
Questa è vera Libertà.

25 gennaio 2022

La Parola capovolta

Quando il variopinto bisbiglio del Cuore chiama, lo fa dal più profondo, ancestrale Silenzio. Inequivocabile, inconfondibile, inappellabile, il suo severo indicare punta dritto all'anima. Per questo, soltanto per questo avvolgi il tuo giorno di rumore; di pensiero, di insistente suono. Per non sentire. Per quel tuo vile assoggettarti al dispotismo della comodità. Alla tirannide della convenienza.

Quel sussurro del Cuore, che germoglia dal Nulla, è infatti ordine perentorio. È comando impellente. È urgentissima, inderogabile richiesta di Felicità.

Il suo canto è Poesia; distanza eterna e serafica da una logica unicamente umana. Solo una delle innumerevoli, infinite declinazioni del respiro dell'Essere.

E se la domanda del cuore è Poesia, l'unica risposta di un'anima che ha il coraggio di udirla e di obbedirle con gioia, che possiede l'intrepida forza e la piena libertà di farsi ancella della propria intima, irripetibile essenza, e di inchinarsi pronunciando il risoluto Sì all'eroico viaggio che porta dritto dritto alla sua pienissima e personalissima Felicità, l'unica vera risposta, dicevo, non può di certo esser la parola. La quale è logos; è ragione, calcolo. Fine strumento per l'esistenza ma goffo impaccio per la sublime armonia dell'Essere.

L'unica replica alla chiamata del Cuore è negazione, rivoluzione, ribaltamento di ogni misero, sterile sillogismo. È parola capovolta, sovvertita, riversa. Struggente e appassionato rischio, insubordinazione esistenziale.

Scandalo e sconfitta di una ragione prostrata e inesorabilmente avvinta da eterno, infinito Amore.

26 gennaio 2022

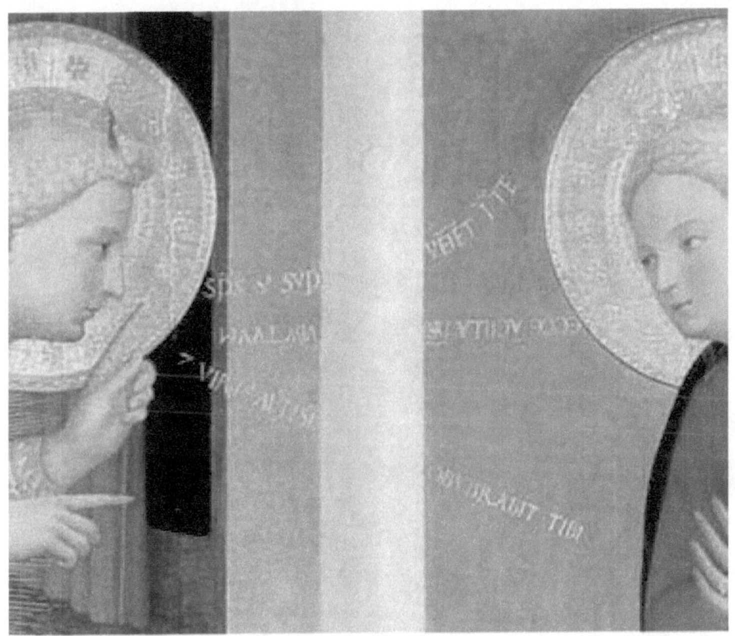

Fine

Quando la macchina, impazzita, sbanda.
E tu, invece di frenare, acceleri.
Perché la tua disperata corsa abbia fine.

27 gennaio 2022

Un bimbo

C'è un bimbo, in cima a una Collina, che guarda le Stelle.

È un bimbo un po' attempato, che parla con gli Alberi e, qualche volta, con un Pettirosso che viene a trovarlo.

È un bimbo che crede così tanto nell'Amore da non averlo ancora trovato. Così tanto nell'Amicizia, da non aver amici.

Quel bimbo è un Matto. Che parte in quarta a salvare gli altri e, quando si gira, non trova nessuno a seguirlo. Che non chiede nulla che non sia eterno e non accetta niente che non sia tutto.

È un bimbo che si dà completamente e completamente vuol ricevere. Che mette al centro del suo mondo chi ama, e che del mondo di chi vuole amarlo vuol esser centro. Che non ha mai un segreto, che non sa fingere. Che quando è nervoso, beh, lo capisci al volo: perché gli vien la tosse. Un bimbo che ama e coltiva la sua vulnerabilità infinitamente più delle sue difese. Che lotta ogni giorno coi suoi difetti e fa il muso, e batte i piedi, e si arrabbia, tutte le volte che perde.

C'è un bimbo che vive in Silenzio, in cima a una Collina,

Che piange e sorride ogni Notte, guardando le Stelle.

29 gennaio 2022

Nel taschino

Non è certo colpa mia, se mi hanno assegnato questo ruolo. Anzi: sotto sotto, ne son pure fiero.

Io sono una bussola senza magnete, un orologio senza pila, una mappa che riporta solo strade interrotte. Quanto di più inutile, per chi, per la fretta di arrivare, si ritrovi all'improvviso in un contesto sconosciuto.

Non c'è da stupirsi, quindi (e io non mi stupisco certo), se chi mi incontra resti disorientato. Ma che bussola è mai questa? A che diavolo potrà mai servirmi un orologio che non segna l'ora giusta? A chi potrebbe mai interessare un sentiero interrotto?

Moltissimi afferrano quella bussola scassata e, in men che non si dica, la cacciano nell'immondizia. Ben pochi si soffermano a guardarla e a rifletterci su, per qualche secondo, prima di rinchiuderla in un vecchio cassetto, pieno di ricordi da dimenticare.

Qualcuno, spesso senza nemmeno capirne il motivo, decide invece di infilar con cura quella bussola scassata in un taschino vicino al cuore, affinché i due dialoghino a lungo. In pace e Silenzio.

Perché lo spaesamento è così. Crea orrore e disagio in quasi tutti. Ma c'è pur sempre chi, di tanto in tanto, grazie a quella bussola rotta sceglie di perdersi. Di smarrirsi fino in fondo. E, grazie a ciò, di cominciare a Vivere.

In quell'istante appeso al nulla, in un punto senza spazio né tempo, il mio ruolo è allora assolto.

30 gennaio 2022

La contro-informazione

In relazione alla mia proposta di restituzione della tessera elettorale in segno di protesta nei confronti di un Governo incapace e violento, vorrei invitarvi a riflettere un attimo sulla cosiddetta "informazione alternativa" a cui molti di voi si affidano.

Chiunque è libero di pensarla come vuole, ci mancherebbe. E, nel merito della questione, qualsiasi canale può considerar non valida un'iniziativa come questa. Anche solo per il fatto che la maggior parte di queste redazioni "indipendenti" si trova invece fin troppo vincolata a partiti vecchi o nuovi che, per vivere, sulla vostra tessera fanno un gran affidamento.

Ma il punto è: un conto è non condividerla, un altro è non parlarne proprio. Non diffonderla, per partito preso.

Che razza di informazione è, voglio dire, quella che da una parte accusa il cosiddetto "mainstream" di esser fazioso e censorio e, dall'altra, oscura notizie che ritiene scomode per i propri obiettivi di potere?

Intendiamoci. Parliamo di canali che sguinzagliano quotidianamente i loro segugi sulle mie pagine per attingervi spesso notizie di prima mano, da diffondere poi come farina del proprio sacco, con ben più alta risonanza di quanto la mia pagina consenta. Parliamo di gente che passa il giorno a dir che dobbiamo unirci tutti per la libertà, la democrazia e la verità. E che invece, tutte le volte che si imbatte in un'informazione scomoda per i propri personali interessi, la censura senza esitazione. Parliamo, insomma, di canali che la mia proposta la conoscono nei dettagli. Ma che, per questioni di opportunismo, si sono guardati bene dal parlarne. Non dico "sostenerla": quella è una scelta che non può che esser libera e personale. Intendo soltanto: parlarne, ecco. Farlo sapere. Comunicarlo alle persone, per permettere a tutti di decider se aderire oppure no.

Invece, niente. Lo stesso silenzio di piombo dei loro rivali "mainstream". Per non parlar di coloro che, in seguito alle mie lamentele, continuano a farsi vivi assicurandomi di aver provveduto a parlarne. Di averlo fatto, loro. Peccato, poi, che se uno decide di verificare e va a guardar dentro le loro trasmissioni, non ci trovi assolutamente nulla. Nulla.

Guardate: non parlo di questioni aleatorie. Nemmeno soltanto di un mio problema personale. A prescindere dal fatto che mi riferisco a un'iniziativa di protesta che, se ampiamente condivisa, si rivelerebbe a mio parere importante ed efficace, sto evidenziando - ancora una volta, come faccio da anni - la mancanza di trasparenza e di onestà intellettuale di molte delle testate, dei partiti e delle organizzazioni a cui vi affidate nella speranza di cambiar questo Paese.

Pensateci. Quelli in cui credete, ancora una volta grazie al vostro sostegno, andranno a fare esattamente ciò che finora han fatto tutti quelli in cui non credete. E di cui sperate di liberarvi.

Perché, se il buongiorno si vede dal mattino...

31 gennaio 2022

Sessismi

Ripensando adesso al sesso delle persone che, in questa mia vita, hanno attentato alla mia serenità, minato la mia salute, corroso la mia autostima, attaccato le mie pur traballanti finanze e vanificato tutto il mio impegno, il mio entusiasmo e la mia buona fede, per una questione di "pari opportunità" ritengo che sarebbe il caso di cominciare a rivendicar le "quote azzurre".

2 febbraio 2022

Dignità

Non morire vecchio e bavoso, su una sedia a rotelle, accudito da qualcuno che non ti sopporta più.

Ma ancora in forze, nel pieno del vigore, con una bella pallottola in testa, per aver lottato come un matto in difesa della Giustizia e della Libertà.

Questa la fine più degna e più desiderabile.

3 febbraio 2022

Una volta per tutte

A parte il disincanto, l'amaro in bocca, le parole al vento, le spiegazioni inutili, i tentativi falliti, la disponibilità ignorata; a parte le reazioni offese, le frasi taglienti, le strategie fallite; a parte tutto questo e molto altro ancora, questo tempo più degli altri sta provando a insegnarci a rinunciar con dignità, una volta per tutte, a chi non ci considera.

O non ci vuole più.

4 febbraio 2022

Insieme

Potremmo vivere insieme.
Perché l'amore che ci lega è immenso. Perché è talmente grande da avvertir forte la voglia di regalare a questa sua dirompente eccezionalità una continuità quotidiana.

Potremmo cercarci una casa in cui viver felici, dipingendo le pareti del colore che vogliamo. Del colore che vuoi tu. Una casa bellissima, da riempire di quadri e di foto. Ritratti di noi da piccoli, del nostro passato. Ritratti di noi abbracciati. Di te, sorridente, nella tua posa migliore. Potremmo riempirla di piante, la nostra casa. Da innaffiare con amore. Da guardar crescere con pazienza. Da accudire con dolcezza. Quando abbiamo tempo. Quando ho tempo...

Potremmo comprare un orologio. Un orologio a pendolo. Che riempisse la nostra bella casa dei suoi dolci rintocchi, ogni ora. Ci vorrebbe un po' di pazienza, soprattutto di notte. Ma dopo un po', potremmo abituarci a quel suono. Potremmo abituarci anche a quello.

Potremmo trovarci un lavoro per pagar le bollette. Potremmo farci coraggio fintanto che non lo si trova. Potremmo trovarci il primo che ci capita. Trovarcene uno qualsiasi. Trovarci un lavoro che ci piace. Che ci realizza. Che quando stringi la mano a qualcuno e gli dici cosa sei, ti senti apprezzato. Un lavoro che ci permettesse di andare in vacanza. Di divertirci. Di andare in palestra.

Di coltivare i nostri interessi. Tu, i tuoi. Io, i miei. Un lavoro che ci servisse a tenerci divisi, qualche ora ogni giorno, per non annoiarci. Per trovarci alla sera e raccontarci qualcosa. Qualcosa di nuovo...

Potremmo, a quel punto, fare anche dei figli. Tantissimi figli. Tre figli. Due figli. Cominciare, intanto, col farne uno...

Potremmo arredare la sua cameretta del colore che vogliamo. Del colore che vuoi. Del colore che meglio si addice a una cameretta. Potremmo riempirla di giochi nuovi e colorati, di libri di favole, di pannolini e salviette. Potremmo scegliere il nome. Il nome di tuo padre? Il nome di mia madre?

Potremmo farci coraggio quando il bimbo piange tutta la notte, nell'attesa che passi. Potremmo farci coraggio quando si ammala e soffre, nell'attesa che passi.

Potremmo poi rimetterci in sesto, portandolo a scuola. Potremmo affidarlo a chi sa educarlo al meglio, così da tornare al lavoro e sentirci tranquilli.

Potremmo tornare a riunirci la sera. Parlare di soldi, di guai, di paure. Del frigo da cambiare, della casa in disordine, dei pezzi di giocattoli rotti sparsi per l'appartamento, delle pareti piene di macchie, ragnatele e ditate, da ridipingere. Da verniciar del colore più adatto. Del colore che regala più luce. Del colore che costa meno. Del colore che vogliono i figli. Del colore che vuoi tu. Potremmo rinfrescar queste vecchie stanze per continuar poi a lasciarle deserte per ore, ogni giorno. A rinfacciarsi, di muro in muro, il desolato rintocco di una vecchia e impolverata pendola.

Potremmo buttar via le piante secche e comprarne di nuove. Di quelle che costano meno. Di quelle di plastica, anzi!, capaci di fare una bella figura quando vengono i tuoi. Di quelle finte, che non vanno innaffiate. Di quelle di cui non si deve occupare nessuno.

E potremmo correre. Correre come dei pazzi. Correr su e giù per portare i figli a scuola, alle giostre, a ginnastica, a calcio, a tennis, all'oratorio, all'ambulatorio, al supermercato..., vedendoli crescere con noi, e soprattutto con altri. Con un sacco di gente. Coi maestri, i preti, gli amici, i nonni, gli zii, ma non con noi.

E potremmo continuare a correre come pazzi. Alle riunioni con gli insegnanti, ai pranzi delle associazioni, alle cene di lavoro, alle feste, alle assemblee familiari, alle convocazioni in tribunale, all'anagrafe, al pronto soccorso, al seggio elettorale, al caf, ai matrimoni, ai funerali. Potremmo correre insieme. Ma soprattutto divisi. Tu, per le tue cose. I ragazzi, per le loro. Io, per le mie. Potremmo litigare su un'idea di famiglia che hai assorbito dai tuoi genitori, diversa da quella che ho ricevuto dai miei. Ma potremmo continuare a dire al mondo che la famiglia è tutto. Che si sta insieme per i figli, anche se non li si vede mai.

Che quel che conta è realizzarsi socialmente, ossia: non seguire il tuo cuore, ma l'apprezzamento degli altri. Che il segreto per stare a lungo insieme consiste nello starci il meno possibile. Nell'aver ognuno i propri impegni quotidiani. I propri spazi, i propri contatti, le proprie amicizie, i propri segreti, la propria privacy.

Potremmo invecchiare insieme. Spingendo i nostri figli a seguire il nostro esempio. Andando a trovarli nelle loro case appena dipinte, senza soffermarci troppo sulle loro piante di plastica. Potremmo aspettare che facessero figli anche loro, per poi spiegar come affrontarne i pianti, le malattie, i capricci. Potremmo perfino chiudere un occhio sulle liti con le loro mogli e i loro mariti, a causa della diversa mentalità con cui sono cresciuti.

Potremmo tornare a casa e ritrovarci da soli, in un silenzio straniero, nelle nostre vecchie stanze. Senza più figli, argomenti o discorsi, dopo decenni passati a parlar solo di loro. A parlar solo con loro. E a correre, correre, correre.

E potremmo annoiarci insieme, sì. In lunghi giorni colmi di silenziosa ruggine. Per tutto ciò a cui, comunque, hai rinunciato per me. Per tutto ciò a cui, comunque, ho rinunciato per te. Per certe frasi arrabbiate mai sepolte. Per certi sguardi sprezzanti mai spenti. Per quel sogno che ci siamo, l'un l'altra, rubati.

Soltanto in fondo, in fondo alla strada, attraversando la soglia, potremmo forse accorgercene.

Che avremmo, magari, potuto star solo insieme.
Soltanto insieme.
Semplicemente insieme.

8 febbraio 2022

Pandemie proficue

Io credo sinceramente che tutti i buffoni allarmisti e disonesti che in questi due anni, sia nell'informazione ufficiale che in quella alternativa, hanno prosperato a migliaia con le loro sciocchezze tragicomiche, diffuse apposta per attirar consensi e condivisioni, in questi giorni guardino all'eventualità della fine della pandemia come al peggiore dei loro incubi.

9 febbraio 2022

15 febbraio

Il 15 febbraio del 1898 nel Porto de L'Avana, a Cuba, esplodeva la nave corazzata americana Maine. Un disastro, che causò la morte di 260 militari, quasi certamente dovuto a un incidente, ma che gli USA presentarono al mondo intero come un gravissimo attentato spagnolo ai loro danni, non esitando a utilizzarlo come pretesto per intraprendere la famigerata Guerra ispano-americana. Che, naturalmente, fruttò agli Stati Uniti il protettorato sull'isola, oltre che la legittimazione dell'occupazione di Manila e l'acquisizione di Porto Rico e di Guam.

Il 15 febbraio del 1902, in Francia, venne proclamato l'obbligo di vaccinazione anti vaiolo per tutti i bambini al di sotto di un anno per non incorrere in forti sanzioni penali, nonostante le accese proteste anti-vacciniste di milioni di persone in tutta Europa. Proteste che, per esempio in Italia, da decenni si protraevano anche in relazione ai gravi effetti collaterali verificatisi a Torino, nel 1861, quando di 63 bambini inoculati col metodo "da braccio a braccio", ben 46 avevano contratto la sifilide.

Oggi, 15 febbraio 2022, entra in vigore l'ennesimo, gravissimo decreto che obbliga gli ultra cinquantenni a vaccinarsi per non incorrere in sanzioni pecuniarie e per non vedersi sospesi dal lavoro.

Questa giornata è destinata dunque a venir ricordata per le falsità a cui il potere sistematicamente ricorre e per le coercizioni e le violazioni delle libertà personali che si ostina a perpetrare, nel pieno disprezzo di codici, leggi, trattati e carte costituzionali.

Ma il 15 febbraio, proprio per lo stesso motivo, è giorno di guerra e di protesta. In nome dell'inviolabile diritto di ogni individuo all'Indipendenza, all'Autodeterminazione e alla Libertà.

Auguro a tutti, quindi, che anche in occasione di questo 15 febbraio allo sconforto e alla demoralizzazione per le gravi discriminazioni che molti di noi stanno subendo, subentri presto la voglia di lottare contro ogni forma di sopruso e di prepotenza del potere politico e finanziario.

Buona resistenza e buona guerra a tutti.

Il mondo, anche grazie a noi, si appresta a cambiare.

15 febbraio 2022

Figo

Vorrei esser figo e destreggiarmi nel mondo. Saper come muovermi negli affari e nelle cose concrete. Invece mi perdo ogni giorno a pensare ai principi. A ciò che è giusto o sbagliato. E tutto ciò mi fa sentir ridicolo e inutile, agli occhi dei più.

Vorrei saper reagire in modo cinico e disincantato ad un abbraccio, a un bacio. Ad un sorriso. Invece, di tutto, di tutto questo, faccio questione d'Amore e Vita insieme.

Vorrei vivere il tempo come un investimento finanziario, facendolo fruttare ogni minuto. Fruttare soldi, visibilità e prestigio di fronte a un pubblico ammirato, agli occhi di una donna affascinata dal potere. Invece mi ritrovo a camminar sempre sul sottile filo dell'eternità, come un funambolo impazzito e disperato.

Vorrei sentirmi meno solo. Meno estraneo all'oggi e al domani, allo spazio e al tempo, al successo di chi ci sa fare. Di chi, in due righe piene di luoghi comuni e banalità scontate, raccoglie mille volte il poco che ricavo da un intero mio libro.

Vorrei esser furbo e affascinante, l'uomo di mondo che dà certezze e protezione. Invece mi aggiro spesso, impacciato e confuso, nei meandri più oscuri del mio parlar da solo.

Vorrei saper esistere, una buona volta.
Invece che avvinghiarmi sempre e solo all'essere.

15 febbraio 2022

Bisogno di noi

Al mondo serve la nostra saggezza, quella saggezza accumulata in anni di dolore e di gioia. Non serve la nostra faccia, tanto più se truccata al solo fine di sembrar più giovane.

Il meccanismo dell'essere vincolati alla giovinezza, la mentalità che rifiuta ogni segno del tempo in nome della freschezza un po' vuota della gioventù, sono strumenti di una civiltà degenere che, in tal modo, ricatta e accantona chi accumula anni, invece che far tesoro della sua preziosa e scomoda esperienza.

I giovani hanno bisogno della nostra età.

Non della nostra nostalgia.

16 febbraio 2022

L'idea geniale

La malattia perfetta. Quella che non si sa come sia nata, come si affronti, come si curi. La malattia che si associa a mille altre malattie. Che può esser causa di tutti i possibili sintomi. Che non finisce mai, che produce conseguenze a ripetizione, che lascia uno strascico infinito.

La malattia molto contagiosa, assolutamente insidiosa, che puoi avere anche senza saperlo. Che solo il sistema ha modo di diagnosticare. Che solo con un approccio preventivo, ufficiale, indefinitamente reiterato e standardizzato, nei confronti del quale è pretesa un'adesione acritica e una fede cieca, può essere affrontata. Che solo un cocktail di norme rigide, confuse, mutevoli e contraddittorie può regolamentare.

Una malattia burocratica la cui gestione è sottratta ai medici ed affidata agli archivi elettronici. Che non riceve assistenza dagli ambulatori ma dai call center. Che va trattata con questionari e con quesiti a cui rispondere a distanza, e non con auscultazioni e visite specialistiche. Una malattia che paralizza e disattiva il sistema sanitario pubblico a vantaggio delle grandi catene di cliniche private.

Una malattia che crea isolamento e divisione, diffidenza e disprezzo. Una malattia che serve a imporre restrizioni e sottomissioni. Che produce discriminazione e sottrazione sistematica di ogni diritto e di ogni libertà personale. Che impone il potere di polizia, la criminalizzazione del dissenso, la delazione e il tradimento. Che richiede lo stato di emergenza, l'uomo forte al comando, la sospensione delle norme costituzionali. Che comporta l'allontanamento sociale dei dissidenti, il disprezzo pubblico verso i dubbiosi, la perdita del lavoro per chi non si allinea.

La malattia che distrugge le piccole realtà imprenditoriali consegnando il loro giro d'affari, frutto del lavoro di decenni o addirittura di secoli, a gigantesche multinazionali nate ieri e già in cima all'economia mondiale. Che produce quantità industriali di disoccupati assicurando risparmi stellari al sistema pensionistico statale e accelerando vertiginosamente quel processo di automazione produttiva che porterà, quanto prima, alla piena sostituzione della macchina all'uomo. Macchine che obbediscono senza chiedere. Che non necessitano di illuminazione, riscaldamento, assicurazioni sugli infortuni, tutele sindacali, contratti, stipendi. Macchine che eseguono senza dissentire. Senza scioperare mai.

Una malattia che sbatte fuori dalle scuole gli insegnanti più critici, che forma i giovani alla sudditanza e alla paura. Quella paura sulla base della quale ogni popolo può esser dominato e asservito al potere. Quella paura della morte che soltanto una malattia perfetta come questa può risvegliare e mantener costante in ogni singolo attimo della giornata.

La malattia perfetta. Quella che non inizia e non finisce.

La malattia che scava una profonda e fredda tomba, una volta per tutte, nell'esistenza vuota di chi ha ucciso per sempre, dietro ai suoi occhi ciechi, ogni attitudine al Pensiero.

21 febbraio 2022

Istante

Puoi continuare a tender l'arco nella speranza di scagliar la tua freccia il più lontano possibile. Ma se, per la tua smania di perfezione, supererai il momento esatto in cui lasciarla andare, ciò che ti resterà in mano sarà soltanto un obiettivo mancato.

Puoi preparare il tuo discorso al meglio, cercando le parole più giuste, senza accontentarti mai, nella speranza di riassumere finalmente, in una sola perfettissima ed efficace frase, tutto il tuo pensiero. Ma se, così facendo, smarrirai l'attimo in cui pronunciarlo, ti resterà in bocca solo il silenzio dell'incomprensione.

Puoi aspettare che i titoli in cui hai investito i tuoi soldi aumentino di valore al massimo delle tue speranze. Ma se, per questo tuo non saperti accontentare mai, perderai il momento giusto per vendere e realizzare, quel che ti resterà in tasca sarà la più desolante povertà.

Puoi fuggire il più possibile l'impegno della quotidianità e il rischio della noia, illudendoti così di mantener interessante e vivo un amore che ti chiede il permesso di sbocciare. Ma se la tua paura ti impedirà di coglier l'istante in cui abbandonar ogni teoria per coinvolgerti anima e corpo in un abbraccio senza riserve, nel tuo solitario cuore non resterà che il sapore amaro della rinuncia.

1° marzo 2022

L'audace Fuga

Per me l'amore resta passione irrefrenabile e illimitata, onnipotente unione di due esseri, distinti eppur profondamente uniti, il cui reciproco desiderarsi è intimamente intrecciato alla tensione quotidiana al miglioramento di sé e alla creazione di una complicità libera dal condizionamento di chiunque e di qualsiasi altro obiettivo.

È un tuffo libero nella follia di un istante eterno, che si autoalimenta, per una vita intera, di reciproca cura e di costante rispetto. È audace fuga da tutti gli schemi e da tutte le convenienze. Un reciproco portarsi via da un mondo malato di banalità e opportunismo. Un dolce ritirarsi in un caldo e sincero nido di intimità, lontani da tutto e da tutti.

È un fuoco costante e crepitante di felicità, che non si spegne mai perché costantemente vigilato, accudito, alimentato e incoraggiato dalla fantasia, dalla delicatezza, dall'autenticità e dall'ascolto.

E chi ha paura di tutto ciò, chi preferisce una vita comoda e sicura all'ebbrezza di un amore appassionato come questo, si scavi pure la sua gelida fossa lontano dal mio Giardino in fiore.

4 marzo 2022

Ormai

Che poi, ti rendi conto che sei l'unico che si muove. L'unico, nei paraggi, che cerca di scuotere e scuotersi, che non si rassegna a un vivacchiare inautentico e spento.

Ti guardi intorno e, a ben pensarci, ti scopri circondato soltanto di persone assuefatte al poco che resta tra le loro mani. Perché ormai è andata così, perché ormai la vita è questa, perché ormai, alla mia età, cosa vuoi che cambi... Ormai. Ormai. Ormai!

Che paura, vivere. Che paura, credere. Che paura, pretendere!

Ci sentiamo così superiori, evoluti, e non siamo nemmeno in grado di profondere, anche solo per un secondo, quel naturale sforzo con cui costantemente, per tutta la sua esistenza, una piccola pianta avidamente succhia energia e vita dalla Terra, dalla Luce, dall'Aria profumata che l'avvolge. Tutta l'energia e tutta la vita che le spetta!

La vita è un po' come la libertà, come l'amore.

Bisogna guadagnarsela col coraggio di non accontentarsi mai.

Bisogna meritarsela, la vita.

4 marzo 2022

La mafia della Caccia

Pochi sanno che le aree in cui è permessa la caccia nel nostro Paese sono lottizzate e assegnate (a prescindere dagli ignari proprietari di boschi e terreni e in base a criteri a dir poco oscuri) a famiglie di cacciatori che se le tramandano da generazioni di padre in figlio, come autentiche ed esclusive riserve venatorie. Chi ci abita, chi detiene la proprietà di quei territori, nulla può contro questo sistema. Che lascia a queste persone il pieno diritto di aggirarsi e sparare in casa altrui.

Non basta. Da anni e anni le amministrazioni regionali provvedono per esempio a liberare, sul loro territorio, innumerevoli branchi di cinghiali, incrociati e selezionati apposta per risultar più "voluminosi", e dunque più appetibili possibile, per la gioia dei suddetti cacciatori. Che se li trovano belli pronti da ammazzare nei "loro" domini. Cioè, nei terreni dei rispettivi, legittimi ma assolutamente impotenti proprietari.

Questi bestioni, pesanti anche un quintale e mezzo, spadroneggiano in boschi e vigneti, devastano orti e raccolti causando danni economici enormi agli agricoltori, sventrano cani, attaccano uomini, per la gioia di chi, quando ha una domenica libera, se li trova già lì belli pronti, da ammazzare e da portare in tavola. Per la felicità di grandi e piccini.

Adesso, in nome della nuova emergenza chiamata Peste suina africana, amministrazioni regionali come quella del Piemonte hanno pensato bene di finanziare una campagna di abbattimento (ma tranquilli: paghiamo noi!) di ben 50 mila cinghiali. Quelli che prima, e sempre coi nostri soldi, hanno liberato nelle nostre campagne. Quelle bestie che poi, come è "giusto" che sia, verranno adeguatamente ripartite e distribuite per finir sulle tavole delle famiglie che signoreggiano sui rispettivi territori di caccia.

La domanda, a questo punto, è: a nostre spese, ci limiteremo solo ad ammazzarglieli, o la Regione intende anche cucinarglieli in salmì?

4 marzo 2022

Stanco

Stanco del nulla che ho da offrire. Quel nulla su cui mi sono illuso di far leva, per catturare ancora uno sguardo pur fugace e distratto. Stanco di questo mio sciocco ritenermi di qualche interesse, provando a dimenticare un poco la sfilza di abbandoni che conservo in fila, l'uno a fianco all'altro, nei polverosi e angusti scaffali della mia sgangherata vita.

Stanco di far di tutto, ogni volta, per allineare al meglio le colorate piastrelle con cui provo a rivestire un muro grigio e irregolare, che gronda pianto, per poi trovarmi a contemplar soltanto, indietreggiando di qualche passo, il solito lavoro un po' raffazzonato. Pieno di buona volontà e cattiva sorte.

Stanco di me. Del mio non esser mai abbastanza.
Stanco del mio nulla. Di quel che mi manca.
Stanco, stanco.
Stanco perfino di esser stanco.

4 marzo 2022

9 anni

- Papà, ma noi non sappiamo il russo...
- Infatti, Lucrezia. Non lo conosciamo.
- E che ne sappiamo, allora, se per caso i telegiornali traducono sbagliato per farci credere cose non vere?
Nove anni e un futuro avventuroso davanti a sé.

5 marzo 2022

Sì !

Ebbene sì, lo confesso.
Fiero, stra-fiero di essere un fanciullo. Fino in fondo!
E di ostinarmi, nonostante tutto, a voler vivere d'amore.
Smetterò d'amare soltanto all'ultimo respiro.
Riprendendo, puntuale, al primo successivo.

5 marzo 2022

Diversamente uccisi

Ma tutta questa campagna di sensibilizzazione, tutto questo sdegno nei confronti di un'invasione militare, tutta questa solidarietà verso una nazione aggredita, tutto questo pacifismo, tutti questi servizi giornalistici sulla tragedia vissuta dalle popolazioni vittime dei bombardamenti, com'è che per esempio in vent'anni di guerra in Afghanistan non li abbiamo mai visti?[5]

13 marzo 2022

---

[5] Il passo si riferisce naturalmente alle posizioni assunte dall'Italia nei confronti della guerra tra Russia e Ucraina.

Medaglie

La fiera e rinfrancante consapevolezza di non aver mai tradito è fonte inesauribile di soddisfazione, autentica medaglia al valore, per me.

Tanto quanto è macchia indelebile e fonte di angoscia, in chi ha tradito me.

14 marzo 2022

Demagogie verbali

Stessa frustrazione che provavo da decenni per espressioni come: *"Forza Italia"*.

Non poter più consolar qualcuno dicendogli: *"Andrà tutto bene"*, senza sentirsi subito uno stronzo.

17 marzo 2022

La bottiglia antica

Tra il tempo in cui sei un nulla agli occhi di chi conta e il tempo in cui ritorni a vivere, passa il ricordo, la rinnovata consapevolezza di chi sei, di quanto vali. Quel ricordo che l'animo esala come il profumo fresco e frizzante di un vino buono, troppo a lungo custodito nel polveroso vetro.

Stappare quella bottiglia antica è gioia. Festoso brindisi che ridona calore alla vita.

Riportandoti finalmente al centro di un mondo di intensi e caldi sguardi.

19 marzo 2022

Vitucce

Accontentatevi pure di una vita piena di nulla, se avete il coraggio di esser vigliacchi.

Personalmente, preferisco temprarmi sulla fiamma della sofferenza, guardando fissa negli occhi la verità anche più spietata, pur di tener stretta tra le dita la purezza di un'esistenza da respirar fino in fondo alle sue fibre. Senza rinunciare a un solo grammo di autenticità.

Ho soltanto questa esistenza. E la brucio fino alle radici.
La vituccia infelice, fatta di compromessi, giornate vuote e indifferenza, la lascio volentieri ai codardi.

La Felicità è pur sempre appannaggio di pochi.
Abita giusto in fondo al sorriso del cuore.

26 marzo 2022

La noia in agguato

Una delle tante cose sconvolgenti di questo nostro tempo così fondato sull'apparenza è che tu puoi approfondire e diffondere finché vuoi notizie o informazioni anche molto importanti, ma poi arriva il fighetto di turno che trova il modo di ripeterle in maniera più "efficace" e, alla fine, il "grande giornalista" diventa lui.

Sia chiaro. Oggi non conta più ciò che si studia e si divulga. Conta il modo in cui lo si fa. Perché siamo diventati un popolo di imbecilli che, per venire a conoscenza delle cose, debbono venir "colpiti" e "coinvolti", ricorrendo a stratagemmi estetici più o meno aggressivi e tecnologici. Con la conseguenza che, ciò che invece non dev'esser conosciuto, basta semplicemente evitare di urlarlo in faccia alla gente e nessuno si azzarderà mai ad andare a cercarlo.

L'insegnante? Dev'esser affascinante e coinvolgente. Il comunicatore? Spigliato e attraente. La notizia dev'esser concisa e stimolante, meglio se annunciata da un figo o una figa della madonna. Tutte strategie, queste, volte soltanto a mantener le persone nel sonno più profondo, capaci di recepir solo quel che venga comunicato nella maniera più... ammaliante.

Tutto dev'esser semplice e poco faticoso. Altrimenti, per carità, c'è il forte rischio che la gente si annoi e non ti ascolti più. E il bello è che questo tipo di teorie cosi ben congeniate, le insegniamo e impariamo passivamente nei vari corsi di comunicazione e di giornalismo, con fare compiaciuto ed esperto, come se fossero verità sacrosante e non, invece, consuetudini consolidate proprio al fine di mantener l'uomo di oggi nel rimbambimento più totale.

Perché, diciamolo: l'attenzione non devi imparare a mettercela tu. Devi fartela "catturare" da qualcun altro. Quindi, dai: continuiamo così. Insegniamo ai giovani a dormire. E ai pochi di loro che diverranno comunicatori, a urlare!

Quando a scuola davo da leggere un libro, la prima cosa che i ragazzi mi chiedevano era: *"Prof, quanto è lungo?"*

Bene, miei cari. Fate bene a farvi questa domanda.
Dato che ve lo stanno mettendo in quel posto.

28 marzo 2022

Quel che mi basta

Tenetevi pure i successi, gli onori e i gran soldi. Tenetevi i vostri uomini e donne in carriera. Tenetevi pure chi sa stare al mondo, chi ha sempre la conoscenza giusta pronta a risolvervi il problema, chi sa portarvi nei "posti in", chi sa sempre e comunque stare al gioco. Tenetevi gli uomini e le donne del nostro tempo. Quelli che aggirano ogni ostacolo, ogni coda, ogni regola. Che sanno tutto del rapporto costi/benefici, che hanno sempre chiaro il modo con cui far ottimi affari, che ridono di gusto - oppure inorridiscono - quando qualcuno si azzarda a balbettar d'amore.

A me basta star sempre accanto ai miei principi. Farli parlare, ascoltarli e rispettarli fino in fondo. A me basta star dalla parte di chi un torto non lo fa; di chi, semmai, preferisce subirlo.

E quindi, solo.
Maledettamente solo.
Felicemente solo.

9 aprile 2022

Lo sguardo

Io credo che non ci si possa - anzi: che non ci si debba - più accontentare di quel poco che le nostre paure ci concedono. Credo che sia importante, tanto più in un tempo di restrizioni e ricatti sociali, pretender piena autenticità da noi stessi e dai rapporti con gli altri.

Io credo che, quanto più le certezze ci crollano intorno, tanto più ci si debba assicurar vicendevolmente intera dedizione, totale attenzione, assoluta fiducia. Credo sia importante, in questo mondo di finzioni e inganni, trovare il coraggio di saperci donare interamente a relazioni sincere e coinvolgenti, dispensando e ricevendo senza sosta quel calore che una gelida struttura sociale, eretta su ciniche visioni del mondo e intrisa di indifferenza ed egoismo, sta sottraendo alle nostre vite.

L'unico rimedio, l'unico conforto, l'unica protezione nei confronti di un tramonto che si annuncia doloroso e duraturo, è lo sguardo sorridente di chi non vuole perdersi un solo respiro della nostra giornata.

Non facciamoci rubare quello sguardo.

Non permettiamo a niente e a nessuno di perderlo di vista anche solo un secondo.

In questa interminabile e gelida ora di buio, esso è il focolare più dolce e sincero a cui possiamo riscaldarci.

9 aprile 2022

Nabokov

Poi, dopo una lunga e penosa prigionia trascorsa a spiar la vita dalle sbarre nella speranza che qualcuno, là fuori, fosse così gentile da aiutarti a uscirne, di colpo ti accorgi che avevi attribuito un potere enorme a chi, invece, non ne ha. Che anche a chi faceva bella mostra di aiutarti, per evitar troppi impegni piacevi più incatenato che libero.

Che ti bastava solo afferrar con forza quella maniglia che avevi sempre avuto davanti agli occhi, per uscir finalmente alla gioiosa luce del Sole.

E che il carceriere, il vero carceriere dei tuoi lunghi giorni bui, eri soltanto tu.

17 aprile 2022

L'unico rimasto

Assange. Quest'uomo ha patito finora le pene dell'inferno e la privazione di qualsiasi diritto civile fondamentale, per aver denunciato i crimini di guerra di soldati americani che, dai loro aerei, giocavano al tiro a segno sparando a uomini e donne irachene per la strada.

Nessuno ha alzato un dito. I nostri stessi governi si sono dimostrati servili e codardi, viscidi e faziosi, guardandosi bene dal criticare una situazione spaventosamente immorale che vede imprigionato da anni e anni colui che ha avuto il coraggio di informare il mondo, ma che assicura piena libertà ai criminali autori di quei massacri.

Ora ci stiamo preparando ad assistere alla sua consegna nelle mani di quegli stessi carnefici su cui ha avuto il coraggio di puntar il dito.

Ma per carità, in nome dei diritti civili, nel frattempo continuiamo pure ad accoglier valanghe di ucraini, lasciando morire come un animale al macello, l'unico giornalista rimasto sul pianeta.

20 aprile 2022

Herr Professor

Il 22 aprile è un giorno speciale. Un compleanno, speciale.

E per quanto quel 22 sia il doppio del giorno della mia nascita, capitatami tra capo e collo appunto l'11 aprile, l'uomo a cui il mio ricordo va, come ogni anno, con tutto l'affetto di cui son capace, non vale soltanto due volte me stesso. Vale innumerevoli, infinite volte quel poco che sono.

Come forse qualcuno sa, quando insegnavo, ogni volta che in una quarta iniziavo a spiegare Kant lo facevo in giacca e cravatta. Una forma di rispetto, la mia. Un segno di forte reverenza nei confronti di uno dei più grandi filosofi di tutti i tempi. Di un uomo a cui devo letteralmente tutto. Era l'unico giorno dell'anno in cui giravo elegante, quello. Un po' impacciato, forse, ma decisamente agghindato. E lo facevo per lui. Ora che non insegno più, ora che ho lasciato la scuola a causa di tutte le sue miserie, il mio "vestito buono" giace da quasi sei anni incelofanato nel mio guardaroba. Ma dentro quella stoffa, dentro le fibre che la intrecciano, resta gelosamente custodito l'immenso amore che ho sempre provato per lui. Per le sue dirompenti idee. Per il suo immenso pensiero. Per la sua silenziosa coerenza. Per la sua umile genialità.

Kant lo chiamava "Primato della Ragion Pratica". C'erano senz'altro dei motivi di ordine filosofico, per rivendicare tale priorità della Morale sulla Conoscenza. Del comportamento corretto al di sopra di titoli, lauree e attestati di sapienza più o meno vuoti ed esteriori. Ma la ragione principale di questo primato, l'aveva spiegata lui stesso, nella sua monumentale *Critica della Ragion Pratica*, in un passo lasciato spesso nell'ombra. Quando io incontro per strada un contadino che mi si inchina innanzi e si toglie il cappello davanti al "Professore", spiegava Kant, se nel mio cuore so che moralmente lui è migliore di me, laurea e titoli contano più un bel nulla. In me infatti, che lui lo sappia o no, a quel punto è il mio animo che si inchina al suo cospetto.

Ecco. Oggi non voglio spiegare troppo. Non voglio affrontare complicate questioni come quella del suo Criticismo, di quello stravolgimento teoretico, morale ed estetico che lui stesso definisce la sua "Rivoluzione copernicana". Non voglio parlar di Schematismo trascendentale, ma nemmeno del rigore scientifico della sua Teoria della Morale, che fa del suo Imperativo categorico l'unico Principio autenticamente scientifico che, a mio parere, l'uomo sia stato in grado di elaborare, in tutta la sua cosiddetta evoluzione. Altro che Medicina, altro che Scienza, con tutte le loro limitazioni metodologiche, epistemologiche, che anche solo il problema dell'induzione comporta. No, non voglio affrontar nulla di tutto ciò. Perché sarei probabilmente palloso. E lui, il mio amato Kant, l'insegnante degli insegnanti, non me lo perdonerebbe mai.

Voglio soltanto ricordare quel piccolo grande uomo, che camminava ogni giorno per la sua città riflettendo sulla vita e percorrendo, sempre alla stessa ora, l'itinerario fisso, eppur sempre nuovo, dei suoi apertissimi pensieri.

Quell'uomo meraviglioso, dotato di genialità e sensibilità a dir poco dirompenti, che sapeva inchinarsi, dentro di sé, alla virtù modesta e sincera di un semplice contadino.

22 aprile 2022

Fatiscenti bancarelle

Benvenuti in questo mercato in cui ognuno, dopotutto, esibisce quel che di meglio ha. E in cui i più nemmeno si avvedono di quanto poco valga la misera mercanzia della quale pur si vantano e che, al più alto prezzo possibile, smerciano.

Qui, ognuno cerca di approfittar degli altri. Di vender donne, uomini e cose accumulando più denaro possibile, senza curarsi mai un solo secondo (ma anzi, a tratti, addirittura godendo) della sofferenza che quegli stessi commerci infliggono nell'animo altrui. Nel cuore di chi è comprato, svenduto, usato.

Benvenuti al mercato in cui ogni mezzo è giustificato dal fine. E il fine è sempre e soltanto quello. La quantità di soldi da far crescere. Per acquistar poi altre donne, altri uomini e altre cose.

È triste aggirarsi tra queste fatiscenti bancarelle, tentando in tutti i modi di sottrarsi al gioco. Costa fatica e impegno. Costa dolore.

Ma stare qui ad osservar da fuori questo volgare mercimonio, guardandosi bene dall'approfittarne in qualche misura, rende pur sempre felice il cuore.

2 maggio 2022

Quel che ho frainteso

Ho sempre adorato l'intenso profumo delle acacie in fiore. Quand'ero ragazzo, in questo periodo dell'anno, questa meravigliosa fragranza mi faceva innamorare. Quel profumo penetrante alimentava in me un fortissimo, irresistibile desiderio di amare e, quando non ero fidanzato, liberava nel mio animo una nuova, dirompente passione per una ragazza.

Ora so che, in questa mia vita, avrei dovuto limitarmi ad amare le acacie.

3 maggio 2022

Depistaggi

La gente va a mode. Anche quando crede di proceder controcorrente, segue comunque le mode.

E quando è in voga una certa emergenza, si concentra con molta attenzione su chi parla di quell'emergenza. Quando ciò di cui bisogna aver paura di colpo cambia, diventano popolarissimi coloro che, il più in fretta possibile, riescono a riciclarsi come esperti del nuovo terrore.

Quel che conta è distoglier tutti quanti dai problemi reali. Quelli che affliggono quotidianamente e profondamente ognuno di noi, senza che nessuno si sogni mai di denunciarli o ci faccia anche solo troppo caso.

Così il nostro tempo trascorre di emergenza in emergenza, rincorrendo ogni nuovo "esperto" che si affretti immediatamente a parlarne.

E ciò che davvero andrebbe combattuto, ciò di cui parla chi viene lasciato nell'ombra, silenziosamente, ci uccide.

6 maggio 2022

Divertissement

Costringersi al divertimento per far mostra di un'inconsistente, posticcia allegria. Chiedendo alla banalità chiassosa di un'ostentata e svilente distrazione, di sopprimere - seppur solo per qualche ora - l'ansioso mormorio di un cuore infelice, solitario e disperato.

L'errore di molti. L'errore dei più.

8 maggio 2022

Lo stesso sole

L'auto posteggiata in un corso del centro, la chiusura elettronica che scatta dietro le spalle, mentre avanzo in stradine antiche e ricche di storia.

È una zona della città che conosco. Per lo meno a larghi tratti. Ma in questi vicoli no: non credo di esser mai passato.

Più mi addentro in queste vie, però, e più una strana sensazione cresce nel petto. Come se un ritratto, chissà quando contemplato, piano piano riprendesse forma.

Volto l'ultimo angolo e la piazza si fa trovare lì, puntuale. Mi appare improvvisa, in tutto il suo elegante splendore. E gli occhi parlano al cuore. E il cuore parla agli occhi, aumentando la corsa. Di colpo la mente torna a quel pomeriggio, così caldo, di diciannove anni fa.

Il sole è lo stesso. Perfino il giorno, è lo stesso. Come se si trattasse di un misterioso invito a un anniversario. Di una ricorrenza da celebrare. Di una festa a sorpresa del Tempo.

Che segno è mai questo? Che significato dargli?

Diciannove anni fa! Incredibile. Esattamente diciannove anni. Un orologio perfetto, nulla da dire. Non ero mai più tornato, da allora, in questa piazza piena di luce. Ci sarò passato vicino mille volte, sfiorandola inconsapevolmente, sempre immerso nei miei pensieri. Ma questi miei passi non mi avevano più riportato fin qui. In testa, però, galleggiava sui ricordi, sospesa chissà dove, nel Tempo. Quante volte l'ho visitata quella scena...? Ripensando a quel giorno. Alla paura di ciò che improvvisamente, nella mia vita, stava capitando. A quella storia distrutta, finita. A quel bisogno così forte di affetto. Di protezione, di conforto...

Oggi come allora. Esattamente come allora. Incredibile! Dopo tutto questo tempo, eccomi di nuovo qui, giunto per tutt'altri motivi, con lo stesso identico bisogno. La stessa paura, la medesima sensazione di solitudine. Gli stessi cocci sparsi a terra, di un vaso andato di colpo in frantumi, ancora una volta.

Il cuore incalza, batte, si dibatte. Sbatte impazzito contro il muro degli anni. Ricorda ancora quell'improvviso desiderio d'estate. La voglia matta di lasciarsi tutto alle spalle. Quel rendersi conto, d'un tratto, che avrei potuto ricominciare ancora. Che sarebbe stato di nuovo bello. Bellissimo, anzi! Che il cielo avrebbe ancora offerto i suoi preziosi doni ai miei giorni.

Ricordo ancora, intensa, quella voglia impellente di innamorarmi, di ripartir da capo. Di ritornare a crederci.

La piazza è la stessa. Lo stesso sole. Lo stesso sbigottito smarrimento, perfino.

Ma quella voglia antica così forte e genuina, spuntata di getto, dietro i miei occhi scuri posati a caso sui tavolini di un bar, beh: quella, forse, si è smarrita tra gli intrecciati ricordi di un'antica, dolcissima piazza del centro.

Una volta per sempre, diciannove anni fa.

14 maggio 2022

Sfida

Immerso nella più cruda e silenziosa solitudine, vivendo in profonda autenticità quel che nessuno vivrebbe, gli occhi puntati su quell'anima che rispecchiano, ti accorgi pian piano di quanto fosse inconsistente e sciocca la farsa di cui ti circondavi.

Siamo chiamati a crescere, non certo a stampar vacui sorrisi su immagini da condividere con qualche idiota digitale.

Siam qui a temprar gli animi sul fuoco della Sfida, non a fuggire il tempo da perpetui, pavidi bambini.

Siamo chiamati ad essere. Non a farlo sapere.

16 maggio 2022

Il Dono

Puoi screditarmi, proiettare su di me i tuoi difetti, cancellarmi, censurarmi, boicottare quel che faccio, darmi dello stupido, smetter di leggere quel che scrivo, smetter di sostenermi, smettere di venire ad ascoltarmi, smettere di credere in me, smettere di amarmi. Puoi odiarmi, accusarmi, costringermi, condannarmi, togliermi la libertà, tradirmi, abbandonarmi. Puoi cercare di ridurmi in povertà, di portarmi via tutto: i soldi, il sonno, la fame...

Ma se nonostante tutto, se nonostante tutto questo, io continuerò a camminare nella direzione del mio cuore; se nonostante la tua superficialità, la tua acredine, il tuo orgoglio, la tua paura, io continuerò a far quel che sono, a farlo al buio, chiuso magari in una cella, in preda al dolore, alla sofferenza più nera, costretto al silenzio e alla più oscura indigenza, lontano da tutto e da tutti, se io continuerò ad esser me stesso fino all'ultima goccia, beh: allora avrai infinitamente accresciuto il mio valore. Mi avrai regalato una forza insperata e invincibile.

E di tutta questa tua preziosissima meschinità, te lo prometto col cuore, ti sarò sempre infinitamente grato.

20 maggio 2022

A secco

Hai presente quando sei al tavolo che aspetti, e ti arriva la birra in anticipo sulla pizza. E tu hai sete, una sete pazzesca. E quella birra è fresca, invitante, spumeggiante... Tu vorresti bertela tutta, tutta d'un fiato, dalla sete che hai. Ma decidi comunque di lasciarla lì, a sgocciolar sul tavolo, limitandoti a sorseggiarla un poco, di tanto in tanto, perché ci tieni un sacco a bertela insieme alla pizza. Perché non vuoi che finisca troppo in fretta, quanto meno prima di aver finito di cenare.

La pizza intanto tarda, non arriva. Ci mette un sacco, accidenti. E tu fai fatica da matti, con quella birra dorata davanti agli occhi, a non trangugiarla d'un colpo. Ma resisti, ci vai piano, sperando in cuor tuo di riuscire a controllarti ancora. Nell'attesa che 'sta maledetta pizza, finalmente, arrivi.

E quando la pizza, poi, arriva; quando finalmente inizi a mangiarla, nonostante i buoni propositi la birra è già andata per tre quarti. E tu, a quel punto, rischi di soffocarti a ogni boccone; perché la birra è quasi alla fine e tu, invece, avresti sperato che non si esaurisse mai.

Hai presente quando capita così, e il bicchiere a un certo punto si svuota, e tu resti a secco, costretto a ingurgitare a fatica le ultime parti di pizza, senza goder di quella birra il cui fresco ricordo ancora ti inebria?

Ecco. Secondo me, nella vita, con l'amore funziona così.

20 maggio 2022

Gigante

Chi capisce quale sia la decisione giusta e ha il coraggio di prenderla, è un grande.

Chi capisce di aver preso la decisione sbagliata e ha il coraggio di ammetterlo, è un gigante.

21 maggio 2022

Figli

Poi, improvvisamente, ancora una volta ti accorgi che il libro[6] a cui da settimane lavori, ti ha rapito. Ti ha conquistato di colpo, e adesso ti piace. Tremendamente, ti attira.

Capita giusto alla fine, quando stai per concluderlo. E provi adesso un grande, indicibile amore per lui. Come se fosse un figlio. Un figlio amatissimo.

Tutto sembra di colpo cambiato, tra voi. Lui freme, ti chiama. Ti aspetta sul monitor senza darti respiro. Non riesci a staccarti un secondo senza sentirti lontano, troppo lontano dal suo suadente richiamo. E allora ritorni, e lo abbracci di parole, di segni, di sguardi attenti. E non ci son giorni, non ci son notti. E tutta la vita si raccoglie lì, tra le sue avvolgenti e carezzevoli pagine...

Ogni volta è lo stesso. Un po' come leggerlo, penso. Un po' come quando sei alla fine di un libro che leggi e, a quel punto, non ce n'è più per niente e nessuno. Cascasse il mondo in testa, in quel momento tu devi finirlo, ad ogni costo; devi bruciarlo assolutamente. Come una notte di grande passione reclama con urgenza il suo vertice di godimento.

---

[6] Si riferisce sempre al sopra citato P. Ratto, *I Rothschild in Italia*.

Così, meravigliosamente, accade sul finire di un libro che scrivi.

Ancora poche pagine di trasporto, desiderio ed amor struggente.

Poi, sarà finalmente concluso. Anche lui.

E una volta spinto nel mondo, smetterà di esser mio. Solo mio.

Come tutti gli altri suoi fratelli, comincerà ad apparirmi migliorabile, superabile. Gli troverò presto difetti e mancanze.

Ma notti così: notti rapite d'amore, notti incantate come questa, dimoreranno sempre nel cuore che mi scuote il petto.

Fino all'ultimo Addio.

25 maggio 2022

Maggio

Sono dolci, e care, le persone che ho vicino. Vicine al cuore, intendo, perché molte di loro sono purtroppo a centinaia di chilometri da me. Ed è difficile, certe sere. Perché magari vorrei uscire a chiacchierar con loro, davanti a una birra, o passeggiando lentamente. E questa distanza geografica, invece, lo impedisce.

Ma sono care, dicevo, nel loro farmi forza. Nel dir che il tempo aggiusta tutto, che il dolore passa, che basta solo aspettare.

Di tutto ciò son convinto, e a quei discorsi il cuore, sì: si scalda.

Ma io non voglio aspettare, no!, in questo maggio fiorito e pieno di colori che da una vita aspettavo.

Che passi dentro, che passi nell'animo, che passi nell'istante, questa sofferenza che, già, osservo diradarsi.

Ma questa primavera così ambita, per nulla al mondo va sprecata ad aspettare.

Questo radioso maggio, di mille rose rosse, giuro: non me lo potrà rubar nessuno.

29 maggio 2022

Vetrine

Ci sono merci che deperiscono in fretta, sulle quali converrebbe dunque non far troppo affidamento. Altre sono invece capaci di durar secoli, tramandandosi di generazione in generazione.

Ognuno, nella propria vetrina, finché c'è tempo, espone la merce che ha.

30 maggio 2022

De-siderio

E quindi, insomma, dev'esser per questo che la mia vita è sempre andata così... Qualcosa, nella mia testa, evidentemente mi impedisce di gioire e di desiderar contemporaneamente.

Ogni anno, ad agosto, sempre la stessa storia. Col naso all'insù, concentratissimo, cercando di capire, di scrutare attentamente, di distinguer stelle da aeroplani, pulsazioni da intermittenze, traiettorie da scie... E tutti gli altri intorno, lì, a vederne a decine. E ad esclamar: *"eccone una lì!, eccola là!"*, mentre io niente. Io mai niente! Sempre fermo lì, ad aspettare inutilmente. Ripetendomi dentro quel che il mio cuore cova, quel che vorrei esprimere, se solo, da qualche remoto punto dello spazio, quella dannata precipitasse.

E quando finalmente la vedo, quando una stella taglia in due il nero e mi cade furtiva e rapida davanti agli occhi, quando arriva anche per me quel momento in cui senti forte la soddisfazione di aver scovato perfino tu la tua stella cadente, ecco: quando succede quello, beh: succede troppo in fretta. E lì per lì non mi torna in mente il desiderio a cui avevo pensato. La volontà che avrei voluto esprimere. No, niente. Di colpo, niente! Zero spaccato. Silenzio di tomba!

E resto lì, come uno scemo, a desiderare il desiderio…

Quando poi torno a ricordarmelo, quando il capriccio da esaudire, con tutta calma, riaffiora, ecco: ormai è troppo tardi. I giochi son fatti. Il sipario è chiuso.

Il cielo è nuovamente fermo e silenzioso. Indifferente e cieco, davanti ai miei occhi, scuri come lui.

E quindi, insomma, dev'esser proprio per questo che la mia vita, a ben pensarci, è sempre andata così…

1° giugno 2022

Liberi di non esserlo

Che sia per questioni di salute o di malattia, di guerra o di pace, di lavoro o disoccupazione, di compagnia o solitudine, di benessere o povertà, l'insegnamento che passa è poi sempre lo stesso.

Sottomettiti alle regole e potrai sentirti libero.

Orwellianamente, in questo nostro mondo la libertà la si ottiene soltanto a patto di rinunciarci.

2 giugno 2022

Grazie

Lavorare assiduamente per la crescita interiore, bruciare ogni risorsa, impegnar tutta l'energia a disposizione, chiudendo fuori dalla porta ogni apparenza, ogni superficialità, ogni luccicante e sciocco frastuono.

Anche questa intensa sera, lasciar parlare la Filosofia. Fino a tardi, fino al cuore. Fino ai brividi della commozione.

Intrecciando animo ad animo, sguardo allo sguardo di chi sa capire. Di chi non spreca nemmeno un minuto di vita, nemmeno la più piccola delle occasioni, per ritrovarsi migliore.

Grazie a tutti. Grazie per il tempo trascorso arrampicandosi fino al vertice della profondità.

Grazie a chi sa capire, a chi sa sorridere, camminando con me.

5 giugno 2022

Buoni e cattivi

Io non credo in un'umanità che possa redimersi grazie al Buono di turno. Non ho mai creduto né negli americani post Seconda Guerra Mondiale, né - più recentemente - in un Trump o in un Putin.

Credo invece che esista una élite politica internazionale diffusa capillarmente in ogni Paese, letteralmente nelle mani dell'altissima finanza. Una élite intenzionata dunque a mantenere i popoli in stabile condizione di sottomissione, di povertà, di paura. Credo che guerre, carestie, epidemie abbiano soltanto questo scopo: costringere la gente ad affidarsi all'uomo forte, rinunciando ai propri diritti, alla propria vita, alla propria libertà.

Ho in mente un mondo in cui l'uomo non si affrancherà dalla sua schiavitù grazie a un "politico illuminato", perché questa è una definizione che, in se stessa, cela una profonda e quanto mai drammatica contraddizione in termini. Ho invece in mente un mondo in cui i popoli di tutti i Paesi si ribellino ai loro despoti - tutti quanti, nessuno escluso - rivendicando la propria diretta e inderogabile sovranità. Un popolo costituito da donne e uomini autonomi, partecipi, consapevoli e adulti al punto da potersi governar da soli, senza delegar nessuno a esercitare l'amministrazione della giustizia, della pace e della felicità, individuale e collettiva, al loro posto.

Per raggiungere questo obiettivo dobbiamo lavorare all'essere umano di domani. Forte, maturo, concentrato, coraggioso, appassionato e felice. Dobbiamo farlo, e lo stiamo facendo.

Io non so se tutto questo potrà mai realizzarsi. Ma so che è l'unica strada per riconsegnare all'umanità la propria dignità.

E so che sono fiero di lavorare a questo obiettivo ogni giorno, ogni ora della mia vita.

Di impegnarmi costantemente a questo progetto, al di là che esso un giorno possa effettivamente realizzarsi oppure no.

Il valore di questo costante impegno non risiede infatti nella sua effettiva riuscita.

Risiede in se stesso.

22 giugno 2022

Immediatezza

La musica deve essere "efficace". Dev'esser sufficientemente prevedibile e ripetitiva da farti venir voglia di ballarci su e da prestarsi ad esser usata come sottofondo. Sottofondo per le pubblicità in tv, sottofondo per aggirarsi in un centro commerciale, sottofondo di ogni nostra dannata azione quotidiana...

"Efficace", dunque, vuol dire utilizzabile. Vuol dire commerciabile. Vuol dire che appena la senti, ti viene voglia di fare altro, anche solo di saltarci su. Vuol dire che appena la senti, deve spingerti a smetter di sentirla.

Nessuno ci ha mai insegnato che la Musica è, invece, qualcosa che accade. Che si sviluppa nel tempo. Un evento meraviglioso e complesso che si evolve pian piano, di fronte alle nostre orecchie. E che, come tale, necessita solo di assoluta attenzione. Qualcosa di eccezionale che pretende la massima concentrazione, per riuscire a colpirci al cuore. A volte mi chiedo: quanto è "efficace" la Quarta Sinfonia di Brahms? Quanto è "efficace" l'Offerta Musicale di Bach? Quanto è "efficace" la Messa da Requiem di Mozart? E quanto si sono curati, questi geni assoluti, dell'efficacia delle loro opere?

Io, nel mio piccolo, non ho mai fatto musica "efficace". Ho sempre e solo esternato, espresso - meglio ancora:

secreto - quel che mi scoppiava dentro. Non ho mai curato l'aspetto esteriore. Le signorine scosciate sul palco, il look volutamente trasandato, gli sculettamenti ammiccanti, la sensualità di tutto ciò che a una musica "efficace" andrebbe associato, per poterla sfruttare al massimo.

La mia Musica è sempre stata quello che ero, e che sono, io. Chi mi ha voluto cercare, ha potuto farlo lì dentro. In tutto ciò che facevo "succedere" davanti a orecchie concentrate, curiose e attente.

Esattamente come accade nei miei romanzi. Nei libri, cioè, in cui è possibile rintracciare veramente il mio esser me stesso. Nulla di "efficace"; nulla di attraente, forse. Nessun discorso "utile" sul potere, sulle dinastie, sulla massoneria e su qualsiasi altro tema capace di "attirare" la curiosità dei cercatori di "verità" politiche, economiche, ecc., al fine di trarne strumenti da utilizzare nella quotidianità.

Soltanto qualcosa che accade. Senza pretese e senza convenienza. Che non richiede null'altro che dedizione. Attenzione, curiosità e amore.

La mia dimensione artistica è sempre stata questa.

Immediata, urgente ed esigente, proprio come me.

23 giugno 2022

Lontana

Potrei pensare di osservarti; di ascoltarti ascoltare le onde infrangersi sorde sulla nostra sera. Immaginare il tuo sguardo che cala in silenzio sulla sabbia bagnata, impastata dell'ultimo sole.

Potrei perfino chiudere gli occhi e avvertire il tocco sottile delle tue dita sulla mia mano. Azzardarmi a sorprenderti sorridente, addirittura felice. Felice con me.

Potrei arrivare a percepirti appagata, al centro di un tramonto insanguinato e suadente, che si schiudesse a noi in religiosa promessa. La promessa di una lunga notte, tutta nostra.

Potrei fantasticare di te che ti alzi, che mi porgi la mano. E che poi mi cammini a fianco, a volte davanti, parlando della cena, della spesa da fare, delle mille cose banali che vorrei tanto affrontare con te.

Potrei convincermi di averti vicina, dolcemente sicura di esser nell'unico posto in cui vorresti davvero trovarti.

Insieme, parleremmo del vino da bere. Delle piante della cucina da innaffiare, del tempo che scorre veloce sui nostri ricordi lontani e della pasta avanzata da ieri. E chiuderemmo fuori tutto il resto. Il tuo lavoro, il mio passato, le nostre discussioni...

Sarebbe una sera normale. Meglio ancora: una sera come tante. Come tantissime. Come tutte. In cui poter assaporare il tuo lieto soffermarti qui, nel trascorrer placido dei miei giorni sereni, con il piacere di chi non ha più null'altro da pretendere. Null'altro da desiderare.

Potrei pensare a questo, a tutto questo. Ma potrei anche non farlo. E non pensare a nulla.

Semplicemente dimenticare. Dimenticarmi. Scordarmi di tutto.

Allontanare da me ogni idea. Soprattutto il pensiero di questo momento.

Dimenticare per sempre questa nuova sera, che muore da sola come tutte le altre. Mentre, ancora una volta, gesticoli e parli a un ignaro qualcuno, sorridente e lontana.

Come sempre, lontana.

Lontana da me.

24 giugno 2022

L'Incontro

"In Vino Veritas". Uno dei dialoghi filosofici sull'Amore più magici e belli mai scritti. I cui protagonisti decidono di non mettersi d'accordo nemmeno sul momento preciso in cui incontrarsi. L'Amore è pura Poesia. Spettacolo spontaneo e irripetibile, scaturigine di assoluta improvvisazione. Fiume in piena che straripa e travolge tutto. Perfino il parlarne, perfino il dirne, dev'esser estemporaneo, immediato, improvviso e totalmente istintivo.

"In Vino Veritas", già. Un dialogo unico, irripetibile, esattamente come il tema che tratta. Nulla di anche solo immaginabile, per l'uomo e la donna di oggi. Folle, dirompentemente folle, fino all'ultimo attimo del discorso tra i vari, inesistenti partecipanti a una cena sospesa nel tempo, in cima a una notte avvinghiata all'eternità, che assiste incredula alla distruzione materiale del luogo stesso in cui i convenuti, fino all'istante precedente, hanno dialogato. La sala creata in tutta fretta, ad hoc, per il loro incontro. E poi, con la stessa rapidità, abbattuta da uno stuolo di servitori muniti di piccone. Perché l'Amore è eterno, è fuori dal tempo. E tutto ciò che Eros sfiora, con le sue calde e affusolate dita, sfugge a convenzioni e opportunismi. A convenienze e

raziocini. E dura - per sempre - lo spazio di un attimo, l'Amore. Ma un attimo eterno.

Kierkegaard lo sa. Conosce bene l'Amore. Al punto da averlo distrutto nel suo stesso cuore, per consacrarlo alla pura Poesia. La stessa Poesia del suo dialogo. La stessa distruzione dello spazio e del tempo della sua meravigliosa narrazione.

Kierkegaard, dell'amore, sa tutto. Lo riconosce negli occhi di Regine in un pomeriggio di primavera. Quando ha 24 anni e lei solo 14. Ci mette tre anni a dichiararsi a lei e a chiederne la mano al padre. L'8 settembre 1840, per l'esattezza.

Ma da lì in poi le cose non funzionano, no. Lui è strano. Lei non lo capisce. Quando si incontrano, Kierkegaard sembra nervoso, letteralmente sulle spine, sempre impaziente di andarsene, di congedarsi da lei. E ogni volta che l'abbandona e torna in tutta fretta a casa, a quel punto il suo amore per lei riprende improvvisamente a esplodere. E allora via, con le sue lettere infuocate di passione. Via, con le sue dolcissime frasi dedicate a lei. Perché l'Amore è Poesia. Poesia pura. E quando invece Esso abbandona l'idea per farsi realtà concreta, quando precipita dalla forma alla materia, quella sua sublime Poesia langue, improvvisa.

Kierkegaard ama Regine tanto più ne è distante. Tanto più quell'Amore per lei torna ad esser sogno purissimo e ideale.

Un anno e quattro giorni dopo, il filosofo danese prende dunque la decisione più drastica. È di nuovo settembre. Il 12 del mese dell'anno 1841. Kierkegaard si presenta al cospetto dell'amata Regine e rompe il fidanzamento. Colmo d'amore per lei, la lascia per sempre. Copenaghen assiste scandalizzata alla notizia. Perché rompere un fidanzamento, a metà Ottocento, è qualcosa di davvero inaudito.

Regine quasi ne muore. Tenta il suicidio. Crolla nella più profonda disperazione.

Poi, la relazione tra i due prende una piega assurda. Assurda come l'Amore, quando è vero Amore.

Ogni mattina Søren e Regine si incrociano camminando nella stessa piazza, guardandosi negli occhi per un solo secondo. Senza parlarsi, senza dirsi nulla. E ogni volta, dopo quello sguardo, il filosofo si domanda se lei lo ami ancora. Dopo ogni incontro egli spende le ore successive della sua giornata a interpretar quella nuova occhiata. Quel tal gesto inedito, quell'espressione del viso mai notata prima...

Gli anni passano così. Ne passano sei. Ogni mattina, quell'incontro struggente che si ripete. E che dà fuoco e passione al resto del giorno. Poi, una notizia terribile si diffonde in città. Regine si è sposata. È convolata a nozze, col suo precettore.

Kierkegaard è disperato. Scrive all'uomo che gliel'ha portata via, avvisandolo che se lui ha conquistato Regine nel tempo presente, nella Storia lei sarà per sempre al suo fianco. A fianco del filosofo che, per primo, ha saputo innamorarla.

Nessuno dei due rinuncia però a quel loro mattutino, folle incontro. Lei sposata, lui solo, entrambi follemente innamorati. E passano altri otto anni e mezzo. Otto anni e mezzo di sguardi.

Poi, in una mattina di primavera del 1855, in occasione del solito ambito ed eccitante contatto, Regine gli sporge un biglietto. "Parto con lui, ci trasferiamo nelle Isole Vergini".

Il cuore impazzisce, Kierkegaard si sente morire. Torna indietro, la cerca disperatamente per le affollate strade della città. A un certo punto lei sbuca da un vicolo, comparendogli alle spalle. E la sua voce soave torna a farsi sentire, dopo quindici anni di silenziosi sguardi. "Ti ho perdonato. Non ho mai smesso di amarti. Riguardati, amore mio".

Kierkegaard rimane di stucco, vedendola allontanarsi per l'ultima volta. Poi torna a casa. Deciso, determinato. Predispone tutto, completa i suoi ultimi scritti, sistema quel che deve. E una mattina di novembre, scende per strada. Fa qualche passo, e stramazza al suolo.

Ha quarantadue anni. Soltanto quarantadue.

All'ospedale gli spiegano increduli che sta bene, che non ha niente. Ma fanno i conti senza di lui. Che ha deciso di lasciare il mondo e di aspettar Regine nell'eternità.

E contro ogni logica, contro ogni previsione, contro ogni diagnosi e ogni ragionamento, Kierkegaard muore. In faccia ai medici e alle loro teorie, lascia per sempre una terra non sua.

Perché una morte assurda e imprevista è decisamente più poetica di una vita scontata e normale.

Poetica, sì. Come un Amore tenuto sospeso sulle ali leggere di un'idea.

Un Amore così, sacrificato al tempo e allo spazio, per consacrarsi all'Eternità.

26 giugno 2022

Riccione

Località turistiche come questa, la sera, si affollano di individui spaesati, che fanno mostra delle proprie abbronzate fattezze in cerca di avventura e divertimento. Divergere, scappare. Fuggir da sé... La disperazione, qui, si taglia con il coltello.

Le frequenze basse, esasperate e amplificate all'impossibile, pulsano contro il cuore e mi respingono. Mi spingono lontano, oltre i confini del corpo. Io non sono di questo mondo. Io non sono del mondo.

Io. E la mia affettività inopportuna, infastidente. La mia insopportabile necessità d'amore. Di parlarne, di offrirne, di riceverne, di esserne. Quanto ha davvero senso, in tutto ciò? Quanto ho senso, qui?

Ora è mattino. Mattino presto. Dal corridoio, il vociare insensibile di chi non si cura del fatto che altri vogliano ancora riposare. La stessa anaffettività di sempre. Il solito vuoto a perdere. A perdersi.

Pensavo a quel che salviamo. A quanto ci teniamo, a quanto ci dedichiamo a salvar quel che sicuramente perdiamo. Il corpo, la salute, i soldi, le cose... Una vita spesa a trattener ciò che non tratterremo. Cosa resta? Cosa resterà? Decidere di smettere. Di non occuparsi più così tanto di ciò che sicuramente smarriremo. D'accordo, sì. Ma occuparsi di cosa, allora? Se tutto ciò che l'uomo cerca costantemente di salvare lo perderà, di cosa è opportuno che invece si curi? Del proprio essere? Dell'esser se stesso?

Io non lo so. Nessuno, lo sa. Questo mio essere, spentosi l'esserci, sussisterà? Nessuna certezza, anche qui. Ma se non altro, viene in aiuto la logica, per quanto valga. L'essere che, come tale, non può non essere. Non può smettere di essere. Parmenideo soccorso a questo mio lungo pianto.

Dunque io non so se il mio essere persisterà. Non so nemmeno in quale forma, eventualmente. Eventualmente si eventuerà, anche se l'eventuarsi di quello che necessariamente è "non evento" non può che risultare impossibile.

Insomma, io non so. Non so nulla. Non so nemmeno cosa sia questo mio essere. Forse soltanto un particolare modo di rispondere. Di reagire. Un riflesso tutto mio dell'essere generale.

Ecco, io forse sono soltanto un particolare modo di riflettere la luce. Una certa angolazione in cui può esser collocata una piccola scheggia di vetro, in relazione alla luce del sole.

Nulla più di questa irripetibile, e forse casuale, inclinazione.

E di questa angolazione, soltanto di questa, mi devo occupare.

Non della scheggia: del suo riflesso.

Ecco, sì!

Forse veniamo alla luce soltanto per proiettarne un nostro particolare riflesso.

30 giugno 2022

Fìdati

In questo amaro tempo, in cui ognuno pensa a sé e al proprio tornaconto, l'amore langue e muore. Lasciando spazio all'incertezza e alla paura.

Una sola, potentissima arma può risuscitarlo e renderlo invincibile: la fiducia.

Fidati di me, dice l'Amore, perché mai ti lascerò cadere.

Fidati di me, perché mai ti lascerò soffrire.

Fidati di me, perché mi fido e mi fiderò di te.

Fidati di me, perché a differenza di molti altri, di me potrai fidarti sempre. Adesso, e sempre.

E soprattutto, fidati di te.

4 luglio 2022

Sempre che interessi

A) Le due solite vie del "possesso":

1. Unirsi a chi sia facilmente gestibile, così da mantener facilmente il controllo del rapporto.

2. In alternativa, cercar di smontare colui che invece ha idee chiare e valori forti, provando a farlo passare per incoerente e, così facendo, tornando a gestir la situazione.

B) La strada della crescita e dell'autentica relazione costruttiva:

Credere più in se stessi, al punto da non aver bisogno di esercitare alcun potere sull'altro. Affidarsi a - e, nello stesso tempo, ispirar fiducia in - lui/lei. Considerare le sue piccole e grandi risorse non come un pericolo per sé, bensì come una ricchezza per entrambi. Considerare i suoi piccoli e grandi difetti non come minacce oppure come vulnerabilità di cui approfittare, bensì come imperfezioni fisiologiche da cogliere senza però umiliarlo, e di cui prendersi cura con pazienza e coraggio. Allo stesso modo, mettere a sua disposizione le proprie ricchezze interiori, predisponendosi altresì a correggere ogni giorno, con la stessa pazienza e lo stesso coraggio, i propri piccoli e grandi difetti.

In altre parole, in questo caso, imparare finalmente ad amare.

(Sempre che interessi...)

5 luglio 2022

Dietro il Sipario

Lo spettacolo è magnifico, e deve continuare.

Quel che avviene sul palco, in quei momenti di grande intesa e di tempi perfetti, è semplicemente grandioso.

E non importa se tutto quel che diciamo in quegli attimi poi, nella vita di tutti i giorni, ci guardiamo bene dal metterlo in pratica. Non importa che il messaggio che diffondiamo con forza e passione ci spaventi o, addirittura, ci sembri semplicemente una sciocchezza. Non importa che a sipario calato, nella concreta e grigia quotidianità a cui tanto siamo vincolati, ciò che in quelle ore recitiamo con grande trasporto ci appaia decisamente irrealizzabile, utopico, perfino un po' fastidioso.

Quel che davvero conta, dopotutto, è il nostro spettacolo. Soltanto quello. L'intesa perfetta che solo in quel momento sappiamo sfoggiare; il dialogo fluente che dietro le quinte, prepotentemente, spezziamo; l'ostentazione plateale di quella stima e di quella fiducia che un attimo dopo, per la solita paura di perdere il controllo e di abbandonarci alla Vita, vigliaccamente tradiamo.

6 luglio 2022

Il corpo usato

Mai come in questo momento - forse perché l'involucro nel quale ho vissuto per tanti anni si è improvvisamente infranto e mi trovo quindi a frequentar persone anche molto diverse da me - mi sono trovato a rifletter così tanto sul rapporto tra sesso e amore.

Mi sento un bambino, a volte, nell'ammettere di non esser mai stato in grado di viver queste due dimensioni separatamente. Mi sento un ingenuo, uno sciocco. Uno che non sa stare al mondo...

Fatto sta che è così. Che per me le cose stanno così. Che non sono mai riuscito a vivere quel tipo di intimità (e, a ben pensarci, qualunque tipo di intimità), senza provare e manifestare amore.

Non so. A volte mi chiedo se il mio sia soltanto un retaggio culturale. Oppure un limite, un'insicurezza. O se invece non ci sia qualcosa di più...

Capisco bene che per molti quel contesto possa risultar piacevole, divertente, a prescindere da tutto. Incluso il sentimento. Ma come mai, mi domando, io non ci riuscirei mai?

Penso a chi va in cerca di quel tipo di relazioni. A chi conosce perfino i luoghi in cui procacciarsele. E penso alla mille sere di solitudine che vivo io. Sere in cui il massimo di vita che so concedermi è allora una laconica passeggiata nel centro di una cittadina non troppo distante dal Bosco in cui vivo.

Perché non ricerco quelle persone? Perché mai non sono in grado di frequentar quei posti?

Ho ben presente chi può trascorrere con me alcuni momenti di intimità, senza provar nei miei confronti amore. Anzi, considerandomi pure uno sciocco, forse, nel mio non comprendere questo suo modo di fare. Ma più una persona mi sta a cuore, più mi ferisce l'idea che possa appartenere a quel mondo. Un mondo che sento lontano e superficiale...

Perché? Perché mai lo sento così? Perché mai rifuggo quel dissociare intimità e sentimento, sesso e amore, considerandolo una leggerezza per me troppo pesante da sostenere?

Ecco. Stamattina ho provato a immaginarmici. A figurarmi in un contesto in cui fossi coinvolto in una relazione di quel tipo soltanto attraverso il mio corpo. Ho provato a vedermi idealmente in una situazione in cui, tra l'altro, temo anche di essermi già trovato non per mia mancanza d'amore bensì, chissà, magari perché dall'altra parte, addirittura a mia insaputa, quel sentimento mancava. Una prospettiva che mi addolora, come mi addolora l'idea di amare una donna che riesca a distinguere tra sesso e amore.

Mi ci sono immaginato, dicevo, in una circostanza come quella. Un rapporto da cui il sentimento venisse estromesso. Semplicemente non richiesto. E forse ho capito.

Ciò che mi infastidisce di quella immaginaria situazione, a ben pensarci, sarebbe il mio sentirmi un nulla. Le mie idee, i miei principi, le mie convinzioni, le mie riflessioni. Il mio carattere, i miei ricordi, le mie speranze... tutto ciò non servirebbe, non avrebbe alcun valore, in un rapporto in cui fosse impiegato soltanto il mio corpo. Mi sentirei... Ecco: in quella circostanza mi sentirei identico a tutti gli altri! Anzi: peggio. Perché ci sarebbero tanti uomini migliori di me. Più giovani. Più belli... Tutti quegli uomini che sarebbero preferibili al sottoscritto per aspetti dopotutto transitori. Accidentali, aleatori. Aspetti che passano, insomma. Destinati a disgregarsi, a svanire.

Ecco. Ecco cosa mi dà fastidio di chi si concede a un'esperienza di sesso svuotata d'amore. Chi fa così, secondo me, chiede e offre il nulla. Si dà come si dà chiunque. Accetta di esser trattato alla stregua di chiunque altro, senza offrire e senza domandar nulla di personale. Di unico. Di singolare.

Si fa merce di scambio in un folle mercato in cui tutti quanti, chi compra e chi vende, si aspettano di trovar sempre e soltanto uno stesso identico prodotto. Facile da consumare. Senza sorprese e senza imprevisti.

Un mercato annichilito e banale che, con la vita che ferve in tutte le sue innumerevoli e sgargianti forme su questo affascinante e imprevedibile pianeta, non ha proprio nulla a che fare.

7 luglio 2022

Umano?

Ciò che trovo sconvolgente è che mi dicano che ci si sente attratti perché sono "umano". Ciò che trovo sconvolgente è che alcune persone, magari persino quelle a cui tengo, si spaventino di me e prendano le distanze, in certi casi addirittura con rabbia, perché sono "umano". Vulnerabile, genuino, pronto a darmi completamente... Insomma: esageratamente "umano".

Il mio essere "umano", dunque, fa di me un uomo strano, a volte interessante, quasi sempre solo.

In che mondo sono finito?, mi chiedo. In quale contrada sperduta del Nulla son stato gettato?

Perché mai, questa spietata condanna?
Perché a me?

8 luglio 2022

Parole

Pensavo a chi parla d'Amore.

A chi ne canticchia ogni mattina, in auto, guidando, con tutte le canzoni che ne parlano. Che ne raccontano e piangono…

A chi ne sente dire, a chi ne ascolta e pensa…
e non l'ha mai vissuto!
E l'ha temuto. E l'ha il più possibile evitato.

La vita intera trascorsa al riparo.
Per non cambiare nulla, per non rischiare.
Il Giorno è ormai alle porte, disvela il paradosso.
Dissertare d'Acqua, in un Deserto.

11 luglio 2022

Le parole che dici

Lo dici con sicurezza, mentre graziosamente gesticoli tracciando ampi cerchi nell'aria profumata di questo estivo sole. Ed i tuoi occhi seguono tracce lontane, solcate dal tempo; rapiti un solo breve istante da un tenue battito d'ali.

Dici così, dici che se una cosa deve accadere, accadrà. Che se invece non deve, allora non sarà. E quel tuo docile fatalismo tradisce il sorriso acerbo, appena appena accennato, di chi si dice convinto. Ma se ne dice soltanto.

Nelle parole che dici, il Destino a cui alludi è il più zelante dei tuoi impiegati. Si prende cura di te, risparmiandoti la pena di decidere. Perché, ne sci convinta, sa ben lui come fare.

Di fatto, però, Egli è il peggiore dei tuoi traditori. E il suo coltello è affilato. Il Servitore attende solo che tu lo metta in condizione di scipparti il cuore. E, a quel punto, ti avrà al guinzaglio per sempre.

Il cuore, sì. Soltanto il Cuore. Perché il Cuore, solo il Cuore, è in grado di sussurrare al tuo orecchio. Soltanto Lui può suggerirti chi sei. E cosa è giusto fare. E cosa no. Ma tu lo cheti, lo leghi stretto al palo, e bruci la Libertà ai piedi del Destino.

Il Fuoco arde, consuma la Scelta. Perché se dici che è il Destino a decidere, allora significa che hai scelto così. Hai scelto che sia Lui, il tuo servo Destino, a scegliere per te. Senza pensar, però, che in realtà il tuo fedele Destino non lo fa mai: non sceglie nulla, al tuo posto. Mai.

Al tuo amato Schiavo è concesso soltanto di decider se sceglierai, oppure no. Se ascolterai il tuo Cuore, o se ti perderai. E anche questo, forse, è solo un gioco che la tua mente ama giocare.

Tu pensi sia il Destino, a scegliere? Ma questa convinzione non è null'altro che il frutto di una tua scelta. L'ultima scelta, prima del tradimento di ogni scelta.

Puoi scegliere che il Destino scelga, sì. E puoi pensar che anche questa tua scelta sia imposta dal Destino. E puoi salire ancora, ancora di un gradino, scegliendo che il Destino scelga che tu scelga che sia il Destino a scegliere. Così facendo, non fai che perderti nell'infinito Labirinto in cui si aggirano i molti traditi che, da sempre, rifuggono la loro Libertà, cosi come l'Acqua il Fuoco.

E mentre tu fai questo, mentre dai in pasto ai servitori la tua sontuosa Cena, quel breve battito d'ali che per un attimo ti aveva sedotto, è svanito. Per sempre.

Svanito tra le pieghe di una vita gettata in pasto al Nulla.
Quel Nulla che tu chiami Destino.

11 luglio 2022

Punti di vista

Dopodiché il Principe saltò fuori dalla Favola, chiedendosi improvvisamente se per caso non fosse invece un po' troppo stretta la scarpa sua.

26 luglio 2022

La Colpa

Il Filosofo che più amo, alla notizia dell'abbandono si lascia andare.

Letteralmente, si lascia morire.

Nonostante sia profondamente cristiano, il suo è chiaramente un suicidio. Si sente malato, se ne convince. E muore.

Nulla lo induce ad affrontare, a superar la prova. Perché mai? Per quale premio mai dovrebbe farlo? Nessuna idea di colpa lo sfiora. Muore, addormentandosi in silenzio.

Certe mie incapacità attuali, certe mie piccole e insormontabili impossibilità quotidiane, sono una chiara richiesta d'aiuto. Me ne rendo conto adesso.

È davvero necessario venirne soccorso? È davvero importante, in alternativa, affrontarle e superarle?

Perché mai dover sentirsi in colpa, perché mai caricarsi di responsabilità, nel lasciarsi andare fino in fondo al vortice che mi risucchia oltre questa impossibile vita?

In cosa consiste, e che fondamento avrebbe, questa ipotetica colpa dell'andarsene?

29 luglio 2022

Ho amato

Ho amato da matti questo Cielo infinito,

i suoi mille occhi fatati spalancati sui miei.

Ho amato da matti il profumo degli Alberi,

il loro abbraccio delicato, il loro fresco sussurro al

tramonto.

Ho amato da matti il misterioso tramestio del Mare,

il suo impetuoso ansimare, la travolgente carica delle

sue onde d'argento.

Ho amato da matti la sfrenatezza impazzita del Vento,

il suo ululato tra i vicoli, all'alba; il suo sferzante

candore di Libertà.

Ho amato da matti questa Vita inceppata e maledetta,

di cui conservo soltanto frammenti, nel Cuore.

Ho amato da matti, sempre e comunque.

Senza fortuna e senza gioia, in assoluta genuinità.

Tra cielo e terra, timore e tremore,

sbagliando e cadendo, giocando e perdendo.

Senza mai esser sazio, senza mai imparare,

ho amato da matti.

E l'amore, lo sa.

4 agosto 2022

Forse

Non importa granché ch'io sia.
Importa forse che lo abbia fatto.

11 agosto 2022

Di più

        Meritare di più.
Più attenzione, più slancio.
Più dedizione, più tempo.
Meritare più ascolto, più comprensione.
Più impegno e desiderio.
Un po' più di Follia, di Sorpresa.
        Meritare di più.
Come più merita l'irruenta poesia del Vento.
Che anche stasera si accende, dando Fuoco all'Aria
e increspando di vigorose, folli onde quest'Acqua
d'argento.
Troppe volte abbandonata, inerte,
all'ignaro Silenzio della Terra.

11 agosto 2022

Il Bosco

Io abito qui, in questo Bosco. Ogni giorno che trascorro a passeggiarci mi stupisco come un bambino, per la fortuna che ho avuto. Nessuno vive in un Bosco come il mio. Nessuno ha il privilegio di camminare, in silenzio e in pace, tra le sue nobili piante. Chi mi amerà, dovrà tenerne conto. Chi mi amerà non potrà mai prescindere da Lui. Da questo Bosco incantato che circonda, con delicatezza, i miei giorni.

Certo: ha i suoi difetti, il mio Bosco. Per esempio, non ha il mare.

Non posso scendere i suoi sentieri pregustando con gioia l'incantevole vista di un'impetuosa distesa d'argento. Non posso sperare di percorrerlo di corsa, per poi tuffarmi in un rinfrancante abbraccio di fresche e limpide acque. Ma ciò comporta anche l'assoluta assenza di chiassose sfilate di idioti, abbronzati e tatuati fino al midollo, che bovinamente si accalchino in quei soliti, disperati luoghi, desolatamente colmi di vuota inconsistenza e disarmante superficialità.

Io amo il mio Bosco. E il mio Bosco mi ama.
Talvolta, di notte, visita in silenzio i miei sogni più segreti.

14 agosto 2022

La Giostra impazzita

Ieri ho portato le mie figlie al Luna Park. Un sacrificio non da poco, per uno come me.

Abbiamo lasciato l'auto un po' distante, avvicinandoci poi a piedi mentre il boato, costituito dall'impasto di tutte le musicacce diffuse dai vari stand, metro dopo metro si faceva sempre più inquietante.

Giunti nel pieno dello sfolgorante delirio, ho visto le due ragazzine trasfigurarsi. Riempirsi, in pochi istanti, di traboccante euforia. Ogni giovane che si aggirava in quel Paese dei Balocchi ostentava quello stesso sguardo, un po' fanatico, di chi ha un ruolo superiore da assolvere. Il sacro ruolo del divertimento ad ogni costo. Tanto più affascinante se pericoloso.

Seggiolini appesi a lunghe catene venivano proiettati verso il cielo sfidando con sprezzante tracotanza la resistenza della materia. Coppie di corpi ciondolanti, a prima vista inanimati, subivano passivi le scosse violentissime impresse da enormi e sfavillanti braccia

Le mie due figlie, rincorrendo qua e là le molteplici scie dei loro coetanei, sono finite a un certo punto nel baraccone degli autoscontri. Ed è partita la corrida dei tamponamenti a catena, del tutti contro tutti, del confinamento agli angoli della pista degli autisti meno avvezzi, meno smaliziati. Quelli contro cui, puntualmente, si accaniva rapida l'umiliante percussione dei più esperti.

A fine corsa, la figlia maggiore è scesa dalla sua vettura per andarsi a procurare un altro gettone. Abbandonando inconsapevolmente la sorella più piccola, che ha nove anni, da sola sul mezzo.

Improvvidamente, incoscientemente, mentre ancora mia figlia pagava, il giostraio ha fatto ripartire la sua diavoleria senza curarsi di quella bimba lasciata da sola su una vettura inerte, nel bel mezzo del campo di battaglia.

I primi scossoni, provocati dagli urti lì per lì casuali di qualche ragazzino inconsapevole, hanno cominciato a spaventarla. E a spaventare me, che ho preso a sbracciarmi per attirar l'attenzione del giostraio e lo sguardo preoccupato della mia piccola. Volevo rassicurarla, ma Lucrezia è scoppiata presto in un pianto a dirotto. E quando gli altri ragazzi se ne sono accorti, hanno preso a far a gara per proiettare i loro mezzi contro il suo, terrorizzandola sempre più tra mille risate dense di sadica e derisoria soddisfazione.

Tutti quegli urti l'hanno via via spinta verso il bordo. Mi sono fiondato in quella direzione, le ho urlato di star tranquilla. E quando la sua vettura mi è giunta a tiro, nel vortice del casino generale, l'ho afferrata per una piccola sporgenza metallica e, con tutte le mie forze, l'ho tirata più vicina a me. A quel punto, la mia bimba in lacrime è saltata sulla terraferma, facendosi avvolgere a lungo dal mio forte abbraccio.

Ecco, ho pensato. La vita, alla fin fine, è proprio così.

Con tutte le sue luccicanti illusioni, il susseguirsi incoerente e assurdo di sorrisi e lacrime, gli abbandoni durante la battaglia, l'accanimento disperato di chi gode dei tuoi dolori e la solitudine sconsolata che improvvisamente ti coglie, nel bel mezzo della festa.

Ecco. La vita è proprio così, come questa giostra impazzita da cui, a un certo punto, bene o male si riesce a saltar via.

Rifugiandosi, meritatamente, in un dolce abbraccio finale.

16 agosto 2022

Un grande amore

Un grande amore finale. Che mi accompagni fino in fondo ai miei passi, sostenendo la mia lotta per un presente felice e ottenendo tutto il sostegno di cui sono capace.

Un grande amore finale che mi sorrida. Che spalanchi le braccia ai miei occhi. Che non mi tradisca, non mi ferisca, non volti le spalle alla mia sincera fedeltà.

Un grande amore finale. Che sia esplosione di tenerezza e passione, complicità e confronto, prossimità e rispetto. Che sappia sciogliere i lacci della paura e vestire il Tempo di pace e autenticità.

Un grande amore finale. Che non preluda a null'altro. Che non si arrenda ad alcuna difficoltà. Che non detti condizioni o risparmi anche solo un grammo di sé.

Un grande amore finale. Che chiuda i miei giorni in un inesauribile, sconfinato abbraccio.

20 agosto 2022

0

Zero assoluto. Niente di niente.

Il nulla del nulla.

Le mani vuote, il buio negli occhi, il vuoto nelle orecchie.

Bicchiere senza vino, bicicletta senza catena, pistola senza grilletto, scarpa senza piede.

Una casa costruita sull'acqua, un'idea nata senza cervello, un cuore senza battiti.

Tutto sbagliato, tutto inutile, da cacciare alle ortiche.

Passerà questo tempo sprecato. Passerà questo tempo.

Passerà.

25 agosto 2022

(Auto) inganni

Chi crede ancora nell'efficacia del proprio voto, tenga presente quante decisioni contrarie alla sua volontà e ai suoi stessi principi hanno preso, negli ultimi due anni e mezzo, i politici che ha contribuito a far eleggere.

Senza contar tutte le scellerate e liberticide azioni intraprese da chi è stato chiamato a sostituirli, senza nemmeno esser mai stato votato.

28 agosto 2022

Illusione

A cento metri da questo dolce tramonto ho tanti amici.

Io che non avevo amici. Che non ne ho avuti mai.

Li ho conosciuti in questi mesi travagliati e sofferti, mentre fuggivo dalle pesanti nuvole di lacrime che affollavano il mio scuro cielo.

I loro luoghi mi hanno incantato, la loro guerra era la mia.

Ognuno di loro mi ha aperto il cuore, a ognuno di loro ho regalato il mio.

Chi fa ceramiche, chi il vino cotto. Chi coltiva la terra, chi ha costruito case o guidato taxi. Chi scrive poesie, disegna locandine, suona l'ukulele o pratica massaggi.

Non una sola parola delle nostre cene si è rivelata mai banale. Non un solo argomento è mai scaduto nella superficialità.

Con loro ho riso a crepapelle e discusso fino a tardi. Con loro ho visitato quintali di chiese cariche di storia, progettato rivoluzioni e suonato la chitarra cantando a squarciagola, tutti insieme sotto le stelle, come si fa soltanto a quindici anni.

Tra loro ho trovato persone pure, coerenti, capaci di adoperarsi ogni attimo della propria vita a cambiare il mondo. A uno di loro, in particolare, vanno la mia stima e il mio rispetto più profondi. Perché è un guerriero senza macchia e senza paura. Perché non perde occasione per contrastare ingiustizia, incoerenza e arroganza.

Ma tutti, tutti quanti, sanno vivere in sincera, autentica semplicità, in un mondo falso, crudele, che cerca di respingerli ogni giorno oltre i confini della sua fredda ipocrisia.

Tutte le volte che li lascio, è sofferenza ingrata. Tutte le volte che li ritrovo, è gioia pura.

A cento metri da questo tramonto ho lasciato il mio cuore.
A settimane alterne, però, lo ritrovo intatto nelle loro mani.

Mai come adesso la lontananza è stata così inconsistente, così impotente, rispetto all'invincibile forza della loro costante, dolcissima prossimità.

31 agosto 2022

Il Pesco ribelle

Aggirandomi in silenzio nel mio Bosco, in preda ai pensieri più neri, mi sono ritrovato sotto un esile Pesco. Un albero davvero singolare, dato che produce i suoi frutti soltanto a settembre.

Il pensiero è ritornato, all'istante, alla mia dura vita. Difficile, scomoda, complicata. Un territorio selvatico, con ampie zone cariche di rovi. Un Bosco che non conosce pianura, disteso com'è sulla sommità di una solitaria Collina.

Ho ripensato al mio passato, sì. A quanto esso pesi sul presente. A quanto riesca ancora a spaventar chi mi si accosta, provando a condivider con me anche soltanto qualche breve tratto del suo cammino.

E ho riflettuto un poco su queste pesche autunnali, appese sorprendentemente ai lunghi rami, nel momento più inatteso dell'anno.

Ecco: più o meno le cose stanno così. Camminarmi a fianco può risultar difficile. Difficile e scomodo. A causa dei rovi selvatici e delle impervie salite di questo mio indomito e silenzioso Bosco. Ma questa travagliata Terra potrebbe ancora piacere ai passi di chi sapesse attraversarla e amarla.

A chi sapesse apprezzar l'incantata, impensabile sorpresa di un esile e folle Pesco che dà frutto, nel mese di settembre.

13 settembre 2022

Deserto

Beh, sì. Malgrado tutto, cerco ancora di camminare. Di procedere in direzione di quel che sono, di ciò in cui credo. Ma la strada è in salita, il passo è lento, il fiato a tratti manca.

Voltandomi indietro, trovo solo il Deserto. La desolazione più totale.

Quanti affetti, quante persone mi ha portato via, questa dannata emergenza senza fine? Persone che non perdevano occasione per dimostrarmi amore e amicizia. Persone a cui volevo un bene dell'anima, accidenti.

Penso, ad esempio, ai miei studenti delle *Unitrè* in cui insegnavo Filosofia. Ai loro aperti sorrisi, ai loro caldi abbracci.

Molti di loro erano avanti negli anni. E ogni fine primavera faticavo a lasciarli, a salutarli ancora una volta... Li avrei rivisti, a settembre?

Poi, la tragedia. Il terrore seminato ovunque. La morte sbattuta in faccia a tutti. Quanti di loro si sono spaventati? Quanti hanno preso le distanze dalle mie disincantate considerazioni, dai miei irriverenti approfondimenti, per pura paura? E quanti, invece, ostinandosi a non credere alle narrazioni ufficiali, son stati esclusi? Sbattuti fuori da quell'ambiente sereno in cui amavano "assembrarsi", per rinfrancare il loro animo grazie alle tante riflessioni che la Filosofia sa offrire a chi davvero è in ricerca?

Dove sono, tutte quelle persone che amavo? Dove son finiti i loro sorrisi. In quale angolo scuro hanno gettato via i loro dolci abbracci?

Dietro di me, soltanto il Deserto.
E davanti, perduti amici miei?

18 settembre 2022

La Resistituzione

Parli e vivi di cose che passano. Riempiendo il tuo tempo di distrazioni e di sorrisi gioviali e compiaciuti. Confondi l'essere con l'esserci, così come mescoli gli anni che vivi con quelli ormai irrimediabilmente trascorsi, di una giovinezza leggera e distratta.

Così facendo ti appresti veloce alla resa dei conti.

Il prezzo del tuo spreco lo pagherai pesantemente, negli anni a venire.

Saranno giorni difficili, quelli della Restituzione.
Saranno conti salati da pagare.

Saranno nuvole e pioggia.
Senza il respiro del Vento.

18 settembre 2022

Operare

Fermo in un angolo di sole, qui: come i gatti. Ad assorbire un po' di calore, dopo le grigie nubi di ieri.

L'ennesima sera in cui ho dato tutto me stesso, ieri. Spingendo sul cuore per trasmettere Energia, Passione...

Davanti a me passano su e giù uomini incravattati che rimescolano il caffè in bollenti bicchierini di plastica. Sorridendosi reciprocamente col solo obiettivo di far più soldi, ancor più soldi.

Io non lavoro, mi dico. Io opero. Mi spendo continuamente per divulgare informazioni, riflessioni, principi...

Dipendo soltanto dal mio cuore, e da chi apprezza la sincerità con cui scrivo e parlo, venendomi ad ascoltare, incontrandomi, leggendo quel che pubblico.

C'è anche chi cerca di usarmi, di asservirmi ai suoi scopi. C'è chi, invidioso della mia libertà, prova a distruggermi. A portarmi via quel poco che ho... Ma devo imparare a non temere il potere di nessuno. Perché quello è soltanto il potere che a tutti i prepotenti concedo io. I miei soldi finiranno. Il mio corpo finirà. Le mie idee, no.

Per ora resto qui, immerso in questo inconsapevole Sole mattutino. Circondato da un turbinio di individui affaccendati.

Ringrazio chi, ieri, ha condiviso la serata con me fino a tardi.
Nuove occasioni di riflessione e di crescita mi attendono.
Il resto è un vorticoso Nulla.

20 settembre 2022

Spiraglio

Non accadrà nessuna catastrofe.
Stiamo procedendo verso il Meglio.
   Cupidigia e brama di potere saranno sconfitte.
Il Sole è nostro.

24 settembre 2022

Impiattanti

Dio quanto odio queste trasmissioni di stronzi. Siamo qui alla canna del gas (non costasse un patrimonio), e questi qui tutti a "impiattare" chiamandosi "Chef Guido" e "Chef Rosalia", e sparando idiozie snob tipo: "*Il risotto alla milanese va fatto a regola d'arte*" o: "*questa tua cotoletta è cromaticamente vivace*", o ancora: "*Il crème caramel ti è uscito leggermente strappato*".

Ma andate a cagare!

30 settembre 2022

27

Lo so che probabilmente mi renderò antipatico, mai io sinceramente non ho nulla contro definizioni tipo: "genitore 1" e "genitore 2". Perché penso che sia giusto massimizzare i diritti, e perché sono abituato a mettere in discussione qualsiasi "tradizione".

Solo che - proprio per questo motivo, proprio per questa esigenza di spazzar via pregiudizi, dogmi e convenzioni - quando sento cose come questa, mi vien subito da chiedermi: e perché, allora, non "genitore 3" o "genitore 27"?

30 settembre 2022

FisioLogica

Vorrei far presente a tutti che ho ancora la pessima abitudine di mangiare, e di far mangiare anche le mie figlie. Quindi sono un po' stanco di imbattermi in librerie e associazioni che pretendono di farmi fare centinaia e centinaia di chilometri su e giù, per tener conferenze in cambio di un semplice - e spesso insufficiente - rimborso spese. Anzi: certe librerie pretendono che ci vada gratis, offrendomi in cambio la straordinaria opportunità di non pagare un affitto per la loro sala.

Per quanto io, in questi ultimi anni, abbia dato l'anima per la causa e per sostener la lotta contro un Sistema malato e ingiusto, ho ancora delle esigenze materiali.

E perfino un po' di dignità.

1° ottobre 2022

Inferenze

Creder davvero in una dimensione eterna significa non creder nemmeno a un millimetro di quella in cui ci troviamo immersi.

Una considerazione, questa, che spesso ci sfugge.

5 ottobre 2022

Nulla potrai

Scorro in silenzio verso il mio Mare.
Distruggerai con facilità le mie già incerte finanze, la mia malferma salute, i miei sempre più rari sorrisi.
Nulla potrai, però, contro le idee e il frutto del mio lavoro. Nulla potrà la tua meschinità, contro la mia memoria.
La tua responsabilità è la mia consolazione.
Ciò che ho scritto e diffuso mi sopravviverà presto.
Consegnandoti inevitabilmente alla Vergogna storica.

12 ottobre 2022

Giacomo social

In questa banalissima e banalizzante epoca, se scrivi versi o prose per esprimere i tuoi sentimenti ti ritrovi sotto i commenti di gente che la prende sul personale, che si offende, o che ti invita sprezzantemente a "non far la vittima".

Mi chiedo seriamente cosa avrebbero scritto duecento anni fa, queste persone, sotto i post di Leopardi.

13 ottobre 2022

Prossimità

A dispetto di tutto il nostro orgoglio e del nostro sprezzante senso di superiorità, gli animali e le piante sono estremamente più vicini di noi all'eternità.

Perché non possiedono nulla, tranne loro stessi.

16 ottobre 2022

Variopinta Agonia

È questo il freddoloso Tempo del riposo, del rintanamento, del Silenzio tra i rami spogli.

Ma è anche il Luogo della sgargiante e calda Passione, nei toni e dei colori, dell'ultima generosa e varipinta agonia delle loro Foglie.

26 ottobre 2022

Giusto

Rendersi finalmente conto che hanno cercato di farti male, sì, ma che ancora una volta non ci sono riusciti.
Che sei forte, in gamba. Che sei giusto.
E che ce la fai.

28 ottobre 2022

Wikipedia

Io non so... vorrei capire davvero che lavoro facciano ormai gli insegnanti.

I compiti che assegnano sono indovinelli. Domande a cui gli alunni possono rispondere cercando su *Wikipedia*. Una cosa così la può far chiunque, no? Risparmiando la fatica di spiegare e di proporre anche fonti e soluzioni alternative a quelle solite, dogmatiche e ufficiali.

Senza contare che magari un genitore non è così d'accordo che i suoi figli vivano su Internet. Attaccati a un tablet o a un computer che, oltre tutto, in casa potrebbe essere impiegato anche per lavorare...

A cosa servono ancora i libri? A cosa servono ancora gli insegnanti?

A cosa serve, ancora, la scuola?

29 ottobre 2022

Colonialismi

Ci lamentiamo sempre della colonizzazione culturale operata dal mondo anglosassone attraverso l'invadenza con cui, dalla metà del Novecento, ha monopolizzato la nostra lingua italiana. Ma nessuno si preoccupa di quella ben più grave e plurimillenaria colonizzazione che la Chiesa cristiana ha realizzato in una moltitudine di vocaboli che quotidianamente utilizziamo, nonché dei relativi concetti con cui pensiamo il mondo.

3 novembre 2022

Dietro

A questo punto il Seme è gettato.
La domanda è posta.
La proposta, avanzata.
A questo punto non resta che tirar dritto.
E lasciar che le Piante crescano, dietro di me.

4 novembre 2022

Incoerenze

È piuttosto sconfortante assistere al proliferare di tutti questi canali di cosiddetta controinformazione, che riempiono di vuoto le loro numerosissime rubriche fatte di chiacchiere, corredate di grafiche ammalianti e di ammiccanti lusinghe, in perfetta sintonia con quel modus operandi che fingono di combattere.

E che definiscono Mainstream.

5 novembre 2022

La Disciplina mortale

Soltanto prendendoci costantemente cura del nostro corpo, alimentandoci nel modo più corretto e cercando di prevenir qualsiasi malattia, saremo in grado di giungere, in perfetta salute, alla morte.

9 novembre 2022

Foto blu

Tenersi lontano dalle inospitali acque di un gelido mare non significa necessariamente rassegnarsi a un acquario.

10 novembre 2022

La quotidiana lotta

In questo momento particolarissimo, in cui la censura di Amazon e di Facebook mi colpisce a livelli mai visti prima, il mio nuovo libro figura al 35esimo posto tra i più venduti in Italia da Ibs, il principale web store nazionale (tra l'altro, di proprietà di Feltrinelli).

Se continuiamo così e non abbassiamo la guardia, può essere che questa volta non ce la facciano a non parlarne. Con tutte le conseguenze che potrebbero scaturirne.

L'avventura continua.

15 novembre 2022

Bruno

Io me ne frego perché dai 52 in su è tutto grasso che
cola.

28 novembre 2022

Interferenze

Sono passi che portano fuori, silenzi lontani.
Sono accenni di sguardi, tremori di gelide mani.
Sono resti di un Tempo rubato, stracciato dal Vento,
Simulacri dei giorni che ho amato, del Buio che sento.

29 novembre 2022

Smarrimento

Tanto più di questi tempi, in cui si tracciano spietati bilanci, vien da restar sbigottiti al pensiero di quante cose, per cui abbiamo lottato e in cui abbiamo creduto, siano inesorabilmente finite.

Eppure la vita non è così? Non è, essa stessa, così?

Combattiamo ogni istante, giorno dopo giorno, anno dopo anno, per salvarla e tenercela stretta, pur sapendo che presto o tardi giungerà il momento in cui ne saremo ineluttabilmente e definitivamente privati.

8 dicembre 2022

Al limitare

Più le cose degenerano, più c'è da sentirsi contenti.

In tempi bui come questi, infatti, capita che la consapevolezza di trovarsi ormai in là con gli anni sappia accordare all'animo una grande e insperata consolazione.

10 dicembre 2022

Alberi a parte

Tenetevi forte: a Torino il Concerto di Capodanno sarà a numero chiuso per contenere le emissioni di CO2.

E tutte le persone che non parteciperanno all'evento in Piazza Castello, ma circoleranno per le altre strade e piazze della città, l'anidride carbonica non la produrranno?

15 dicembre 2022

Altrove

È incredibile come il male che certe persone sanno procurare alle nostre vite ci aiuti così tanto a crescere e a imparar molte cose.

Prima fra tutte, quella di continuare a crescere il più lontano possibile da loro.

20 dicembre 2022

Il venticello

Prima di preoccuparti di rettificare una calunnia a tuo danno presso le persone che l'hanno ascoltata, chiediti se la loro fiducia nei tuoi confronti sia davvero così fragile da venir travolta dalla maldicenza, o se piuttosto sappia resisterle, senza risultarne minimamente intaccata.

Soltanto a questo punto ti sarà chiaro come, sia in un caso che nell'altro, qualunque tua smentita si riveli perfettamente inutile.

25 dicembre 2022

Natale e famiglia

Quando, un paio di settimane fa, ho fatto sapere ai miei parenti che sarei venuto a parlare nei pressi della loro (e mia) città, credo abbiano pensato seriamente di trasferirsi.

25 dicembre 2022

MOSE

Arrivi a Venezia e trovi l'acqua alta. Piazza san Marco allagata.

L'acqua alta? Ma non era una cosa risolta? Non ce l'avevano menata con tutti quegli accorgimenti tecnologici per i quali l'Italia intera aveva gridato all'ennesimo prodigio scientifico?

Allora chiedi. *"Scusi, ma non avevate trovato la soluzione. Non si è parlato per anni di quell'aggeggio..."*

"Il MOSE, intende?"

"Sì, ecco: il MOSE. Quello per cui si son spesi miliardi di euro e chissà quante migliaia di miliardi si dovranno sborsare ancora... Quello per cui sono state aperte indagini per corruzione, concussione, creazione di fondi neri... Quello che ha portato a decine di richieste di arresto di politici e imprenditori..."

"Sisì, certo: il MOSE, sì... Beh, la verità è che ogni volta che lo si mette in funzione, costa 350 mila euro..."

"350 mila?? E quindi?"

"E quindi, lo si tiene spento.

Più che si può".

26 dicembre 2022

Moti ondosi

Il mio Mare è scritto.

Indelebilmente tracciato sul luccichio delle onde di questo tortuoso Fiume che, indomito e fedele, giorno dopo giorno mi ci conduce.

Non serve impegno, non serve sforzo. Basta il Silenzio.
Il Silenzio dell'apprensione, dell'importanza.
Il Silenzio d'ogni distrazione, d'ogni azione.

Basta prestare orecchio alla muta carezza di queste onde.
Leggermi il Cuore.

26 dicembre 2022

Solo

Un 25 e un 26 dicembre trascorsi nella più completa autenticità.

Non mi capitava più da un paio di vite...

26 dicembre 2022

Pietro Ratto, filosofo, storico, giornalista, musicista e scrittore, ha al suo attivo numerosi libri. In ambito filosofico ha scritto *La Passeggiata al Tramonto. Vita e scritti di Immanuel Kant* (2014-2019), *Come mi cambiano la vita Socrate, Platone e Aristotele* (2020), *BoscoCeduo. La Rivoluzione comincia dal Principio* (2017 -2022). In ambito storico e giornalistico ha scritto: *Le Pagine strappate* (2014-2020), *I Rothschild e gli Altri* (2015), *L'Honda anomala. Il rapimento Moro, una lettera anonima e un ispettore con le mani legate* (2017), *Rockefeller e Warburg. I grandi alleati dei Rothschild* (2019), *Il Gioco dell'Oca. I retroscena segreti del processo al riformatore Jan Hus* (2014-2020), *L'Industria della Vaccinazione. Storia e contro Storia* (2020), *Cronache di una pandemia. I primi nove mesi di un incubo* (2020), *Lobbying* (2021), *Da Berlino a Kabul. La lunga scia di sangue dell'11 settembre* (2021), *La Storia dei vincitori e i suoi Miti* (2022), *I Rothschild in Italia* (2022). *Il milite ignaro* (2023), *Wikipedia. Quando Internet è questione di vita e di morte* (2023-2024), *Moti ondosi* (2023-2024), *I Frescobaldi e gli Altri* (2024), *Moti ondosi 2* (2025) e *L'Oro e i Banchieri. L'oro nostro, l'oro loro* (2025).

Ha pubblicato anche i romanzi: *La Scuola nel Bosco di Gelsi* (2017), *Senet* (2018), *Il Treno* (2019), *Il Testimone* (2020) e *Il Giudice* (2022), oltre alla raccolta di saggi polemici sulla degenerazione della Scuola pubblica e le lobbies che la gestiscono, intitolata *Programma d'Istruzione* (2020) e all'audio-libro *Parole e Musica* (2020), che alterna riflessioni a brani musicali.

Gestisce la piattaforma di contenuti esclusivi *BoscoCeduo Pro* (www.boscoceduo.it/pro), il sito BoscoCeduo. it con annessa sezione IN-CONTRO/STORIA, oltre ai suoi seguitissimi canali YouTube e Telegram, chiamati entrambi "BoscoCeduo".